F.-X. Kaufmann – J. B. Metz

Zukunftsfähigkeit

Franz-Xaver Kaufmann
Johann Baptist Metz

Zukunftsfähigkeit

Suchbewegungen im Christentum

Herder
Freiburg · Basel · Wien

Gesamtherstellung: Freiburger Graphische Betriebe 1987
ISBN 3-451-20983-7

Vorwort

Das Christentum ist keine Religion, die ihre Verheißung mit dem Rücken zu Geschichte und Gesellschaft zu verstehen und zu retten sucht. Geschichtliche Situationen sind dem Christentum nicht äußerlich; sie gehören zu seinem konkreten Vollzug und Selbstverständnis, in ihnen artikuliert und bewährt sich, was Christen als ihre Hoffnung bekennen. Ohne Situationsvergewisserung, ohne kritische Rechenschaft über die „Zeichen der Zeit" kann das Christentum nicht genau sagen, wo ihm der Kopf steht und das Herz schlägt, nicht, wie und wohin es die nächsten Schritte zu wagen hätte. Zu dieser Selbstvergewisserung des Christentums gehört heute eine kritische Wahrnehmung der geschichtlich wirksamen Tendenzen, die zumeist als „gesellschaftliche Entwicklungen" gekennzeichnet werden, ebenso wie die ständige Berücksichtigung der geschichtlich gewordenen Konkretionen des Christentums. So werden aus der Verbindung von Glaubenswissen und geschichlich dimensionierter Situationsanalyse Orientierungen für mögliche und vielleicht notwendige Schritte in eine stets unbekannte Zukunft gewonnen. Von solchen Schritten, solchen „Suchbewegungen" – im Glaubensverständnis, in der Kirche, in den Gemeinden, in der Theologie – soll in den folgenden Überlegungen zur Zukunftsfähigkeit des Christentums in der europäischen Noch- oder Nachmoderne und in einer kulturell polyzentrischen und politisch wie auch sozial zerrissenen Welt die Rede sein.

Eine Tagung, die die Herder-Korrespondenz im vergangenen Herbst anläßlich ihres 40jährigen Bestehens in Verbindung mit der Katholischen Akademie in Freiburg durchführte, wurde uns zur unmittelbaren Anregung für dieses Projekt. Die Tagung war dem Thema „Zukunft des Christentums – Leben und Glauben in ‚nachchristlicher' Zeit" gewidmet. Schon in ihrem Verlauf wurde der Wunsch laut, die beiden Vorträge, die wir zu diesem Thema beisteuerten, gemeinsam zugänglich zu machen. Schließlich kamen wir überein, in Zusammenhang mit diesen beiden Vortragstexten einen Band vorzulegen, der sich in streng thematischer Konzentration Rechenschaft zu geben sucht über die Zukunftsfähigkeit des Christentums. Jeder von uns beiden unternimmt dies aus je eigener Sicht. Gerade so scheint uns ein besonderer Reichtum an Gesichtspunkten zu diesem ebenso schwierigen wie nahezu unerschöpflichen Thema gewährleistet, ohne daß die jeweilige innere Einheit der Betrachtungs- und Argumentationsweise gefährdet wäre. Wir verstehen diesen Band als einen Teil jener „Suchbewegungen im Christentum", von denen in seinem Untertitel die Rede ist.

Bielefeld/Münster, im Februar 1987

Franz-Xaver Kaufmann *Johann Baptist Metz*

Inhalt

Erster Teil:

Franz-Xaver Kaufmann

I

Kirche für die Gesellschaft von morgen

1. Schwierigkeiten des nachkonziliaren Katholizismus

Die innerkirchliche Bewegung, die aus einem Unbehagen über die bis in unsere Zeit hineinragende herrschaftliche und betreuende Form des katholischen Kirchentums einen neuen Aufbruch sucht, die Kirche stärker im Sinne des Zweiten Vatikanischen Konzils als „Volk Gottes" und nicht als „Amtskirche" versteht, scheint in den europäischen und zumal in den deutschsprachigen Ländern wenig Kraft gewonnen zu haben.

Wenn wir die zwei Jahrzehnte seit dem Ende des Zweiten Vatikanums Revue passieren lassen, so ist hier das Ergebnis für das Christentum und die Kirche keineswegs ermutigend.[1] Wir können zwar einerseits durchaus Bewußtseinsveränderungen unter den Katholiken feststellen, etwa einen selbstbewußteren Umgang der Laien mit den Ansprüchen der kirchlichen Hierarchie, eine höhere ökumenische Offenheit und einen weniger verkrampften Umgang mit Daseinsdeutungen, die einen Bezug zu christlichen Sinngehalten nicht mehr erkennen lassen. Aber von der Hoffnung und der Aufbruchstimmung des Konzils ist wenig übriggeblieben. Man gewinnt vielmehr den Eindruck, als ob die europäischen Katholiken, ermü-

[1] Einen guten, kurzen Überblick einschließlich der Würdigung der einer Evaluation von Konzil und Nachkonzilszeit gewidmeten außerordentlichen Bischofssynode von 1985 gibt *W. Kasper* (Hrsg.), Zukunft aus der Kraft des Konzils (Freiburg i. Br. 1986).

det von der Widerstandsfähigkeit herkömmlicher Kirchenstrukturen oder enttäuscht von der geringen Tragfähigkeit reformerischer Aufbrüche, sich in eine Art lethargischen Wartestand begeben hätten, soweit sie nicht einfach ihrer Kirche den Rücken gekehrt haben. Besonders besorgniserregend erscheint in diesem Zusammenhang eine Art schleichender Glaubensverlust, der sich vor allem in den nachwachsenden Generationen manifestiert. Was daran beeindruckt und Besorgnis erregt, ist die Gleichförmigkeit, mit der hier religiöse Praxis, Kirchenverbundenheit und religiöses Wissen zurückgehen; die Hoffnungen auf eine neue Form kirchendistanzierter oder gar außerkirchlicher Christlichkeit haben sich nicht erfüllt. Es bleibt allenfalls eine wenig tradierungsfähige gefühlsmäßige Bindung. Obwohl also in Westeuropa kaum mehr ein kirchenfeindliches Klima herrscht, ja sogar seit einigen Jahren ein erneutes öffentliches Interesse an Moral und Religion – allerdings in einem sehr unspezifischen Sinne – selbst in ehemals progressiven intellektuellen Kreisen zu beobachten ist, bleibt das kirchliche Leben davon – vielleicht abgesehen vom jugendlichen Engagement bei Kirchen- und Katholikentagen – merkwürdig unberührt.

Bei der Einschätzung der Schwierigkeiten, denen sich das nachkonziliare Christentum zumal in Europa gegenübersieht, sollten wir jedoch nicht in erster Linie den konziliaren Umorientierungen, sondern den Veränderungen des gesellschaftlichen Umfeldes, in dem wir leben, größere Beachtung schenken. Diese Veränderungen sind größtenteils schon lange vor dem Zweiten Vatikanischen Konzil angelaufen, haben jedoch in den letzten zwei Jahrzehnten so sehr an unsere Lebensverhältnisse prägender Energie gewonnen, daß sich bei einem erheblichen Teil der Christen heute so etwas wie eine *Bewußtseinsschrumpfung in religiöser Hinsicht* zu ereignen scheint. Soweit am Christentum überhaupt noch festgehalten wird, wird es weitgehend mit dem identifiziert, was sich im Kontext der Kirche ereignet. Dieses kirchliche Leben selbst wird jedoch mehr und mehr provinzialisiert. Die Bezüge zu den zentralen Fragen unserer Existenz und unserer Gesellschaft scheinen immer undeutlicher und unverbindlicher zu werden. Die Kirchenzugehörigkeit wird zu einer Art Hobby, zu einer spezifischen Freizeitbeschäftigung, für die man gelegentlich durchaus auch einen größeren Einsatz wagt, der man sich aber im übrigen im wesentlichen folgenlos hingibt – und, was die soziale Anerkennung oder Mißbilligung angeht, auch folgenlos hingeben kann. Das Programm der Aufklärung, Religion *zur Privatsache* zu machen, scheint nunmehr auch bei den Katholiken weitgehend erfüllt.

Auf diese Situationsdiagnose sind verschiedene Reaktionen möglich. Die naheliegendste ist, *die Verhältnisse nun einmal so zu nehmen, wie sie sind, und einfach weiterzumachen.* Man kann zur Rechtfertigung entweder auf die Vorläufigkeit all unserer Erkenntnisse oder die Unüberschaubarkeit der Verhältnisse oder auch auf den Heiligen Geist sich berufen, auf den es ja letztlich ankomme. Wahrscheinlich ist für diese Haltung jedoch vor allem die verbreitete Einstellung maßgebend, die kirchlichen Verhältnisse gingen einen als einzelnen nichts an, sie seien in die Zuständigkeit der Kirchenleitungen gelegt, und die müßten eben selber zusehen, wie sie mit der Situation fertigwerden, man werde ihnen schon keine Steine in den Weg legen. Hierin kommt – wie ich noch eingehender darlegen möchte – eine spezifisch zeitgenössische Haltung zum Tragen, die sich vorzüglich mit dem amtskirchlichen Selbstverständnis verträgt.

Weniger verbreitet, aber aufgrund des persönlichen Überzeugungsgehalts nicht selten eindrücklich, erscheint eine zweite Reaktion, die im konziliaren Aufbruch oder zum mindesten in seinen Folgen eine kirchliche Fehlentwicklung sieht und deshalb *unter Rückgriff auf vorkonziliare Ideen, Frömmigkeits- und Lebensformen, eine Wiederbelebung des kirchlichen Lebens versucht.* Für diese meist als konservativ oder gar polemisch als reaktionär eingestufte Haltung spricht zum mindesten, daß die vorwiegend im 19. und im frühen 20. Jahrhundert entwickelten Ideen – etwa die der Kirche als mystischen Leibs Christi oder als ‚societas perfecta' unter Führung des Papstes – und die heute als ‚typisch katholisch' geltenden Frömmigkeits- und Lebensformen zu ihrer Zeit als durchaus sinnstiftend erfahren wurden und gleichzeitig in hohem Maße sozial erfolgreich waren. Wann in der Kirchengeschichte sonst hat es einen so gut ausgebildeten und disziplinierten Klerus gegeben, wann eine vergleichbare Missionsbewegung und wann eine stärkere Kirchenverbundenheit breiter Volksschichten als zwischen dem Ersten und Zweiten vatikanischen Konzil? Wenn ich dieser retrospektiven Reformorientierung dennoch wenig Plausibilität und Erfolgschancen einräume, so folgt dies zunächst aus der soziologischen Einsicht, daß jene antimodernistische Abgrenzungsstrategie der Katholiken in einem homogenen ‚katholischen Milieu' zwar noch unter den Bedingungen eines atheistischen Sozialismus heute plausibel sein kann, daß deren soziale Bedingungen sich jedoch *im Westen nicht mehr herstellen lassen.* Und darüber hinaus ist natürlich zu fragen, ob diese frühen, ausschließlich defensiven Reaktionen des katholischen Christentums auf die entstehende Moderne mit den uns heute möglichen Einsichten in die Wahrheit der christlichen Botschaft noch zur Deckung zu bringen sind. Vor allem die Theologie hat zwischenzeitlich so offenkundige Veränderungen durchgemacht, daß vieles am katholischen Denken des 19. Jahrhunderts heute nicht nur aus gesellschaftlichen Gründen unplausibel, sondern auch seiner theologischen Prämissen beraubt ist.

Insofern glaube ich, daß die defensive Strategie gegenüber der Moderne nicht mehr trägt, sondern wenn noch etwas trägt, *müssen wir in die Offensive gehen.*

Eine offensive Auseinandersetzung mit den Überheblichkeiten und Schwächen der Moderne und damit eine Haltung, welche trotz der Ernüchterung, die die nachkonziliare Epoche hinterlassen hat, den damit eingeleiteten Aufbruch fortführen will, stößt dagegen in unseren Ländern auf merkwürdige Hindernisse. Es ist, als ob uns die Hoffnung und die Phantasie abhanden gekommen seien, als ob alles gesagt wäre und sich doch nichts bewegt hätte, als ob die Macht der christlichen Ideen erschöpft sei und allenfalls noch ein christliches Leben im kleinen, privaten Raum, in der Mitmenschlichkeit des Alltags, als letzte Möglichkeit übrigbliebe. Diese ‚kleine Mitmenschlichkeit' darf nicht geringgeschätzt werden, ihre Bedeutung für die größeren Zusammenhänge wird sich noch zeigen. Dennoch müssen wir uns zunächst der Tatsache dieser *Vorstellungsbarriere gegenüber einem zukünftigen Christentum* stellen und sie zu verstehen suchen, das ist ein Hauptanliegen dieses Beitrags. Wie zu zeigen sein wird, hat diese Vorstellungsbarriere etwas mit den gesellschaftlichen Verhältnissen zu tun, in denen wir leben und die auch unsere kirchlichen Verhältnisse nachhaltig beeinflussen.

2. *Der Zusammenhang zwischen gesellschaftlicher und religiöser Entwicklung*

Wenn wir einmal auf die Metaphern achten, mit denen die heutige Zeitsituation beschrieben wird, so finden sich immer wieder Begriffe wie ‚Ende' oder ‚Krise', aber auch ein verbreiteter Gebrauch der Vorsilbe ‚post' – post-materialistische Werte, post-industrielle Gesellschaft, Post-Moderne – um das Neue zu bezeichnen, das die Gegenwart und Zukunft auszeichnen soll. Auch hier finden wir die gleiche Denkhemmung gegenüber der Zukunft: das verbreitete Bewußtsein ist dasjenige eines Endes der bisherigen Epoche, eines Übergangs in einen neuen Zustand, den man jedoch nicht positiv zu beschreiben weiß. Der nachdenklichste Prophet der deutschen Linken, Jürgen Habermas, spricht in diesem Zusammenhang von „neuer Unübersichtlichkeit" (Frankfurt a.M. 1985), obwohl die Unübersichtlichkeit selbst so neu nicht ist. Die diagnostizierte Lethargie des kirchlichen Bewußtseins besitzt seine Entsprechung im sogenannten Zeitgeist, wie denn überhaupt das kirchliche Leben in seinem geschichtlichen Vollzug in einem sehr engen Austauschverhältnis zu den jeweiligen kulturellen und sozialen Verhältnissen steht: Auch der nachkonziliare Aufbruch fiel ja mit einer Epoche zusammen, in der in der ganzen westlichen Welt die Hoffnung auf eine Überwindung entfremdender Strukturen durch geplante Gesellschaftstransformation verbreitet war. Ebenso geht unsere gegenwärtige geistige Erschöpfung mit dem Zeitgeist.

Aus diesen Beobachtungen könnte man auf eine einseitige Abhängigkeit des kirchlichen Selbstverständnisses von gesellschaftlichen Kulturströmungen und faktischen Entwicklungen schließen. Diese zuerst vom historischen Materialismus formulierte Perspektive hat zwar durchaus ihre Berechtigung. Vor allem die religiöse Entwicklung der letzten 200 Jahre ist wohl überwiegend als reaktiv zu qualifizieren. Aber wenn wir längere historische Zeiträume in Betracht ziehen, können wir feststellen, daß vom kirchlichen Leben ebenfalls nachhaltige, die Kultur und auch die sozialen Strukturen verändernde Impulse ausgegangen sind. Es sei an die Bedeutung des benediktinischen Mönchtums für die Entstehung der mittelalterlichen Kultur erinnert. Auch der Sonderweg der abendländischen Entwicklung, welche nach dem ‚großen Schisma' zwischen Rom und Byzanz von 1054 eingesetzt, wurde im wesentlichen durch die Verselbständigung der kirchlich-religiösen Strukturen im Investiturstreit ausgelöst[2]. Die mit dem Wormser Konkordat von 1122 eingeleitete gleichberechtigte Stabilisierung von geistlicher und weltlicher Gewalt ist zum Ausgangspunkt all der Differenzierungsprozesse geworden, die wir heute als Charakteristikum der abendländischen Kultur und Gesellschaft ansehen. Erwähnt sei auch die Reformation mit ihren bekannten vielfältigen Folgewirkungen. Und nicht vergessen sei der Sozialkatholizismus und seine Bedeutung für die Entstehung moderner Wohlfahrtsstaaten: Die sozialkatholische Bewegung hat in den meisten Ländern Europas maßgeblich zur Stabilisierung eines Gesellschaftsmodells zwischen Liberalismus und Sozialismus beigetragen. Gerade aus soziologischer Sicht kann man sagen, daß die Lehren Jesu Christi nur deshalb bis heute auf uns gekommen

---

[2] Vgl. hierzu als neues Standardwerk *Harold J. Berman,* Law and Revolution. The Formation of the Western Legal Tradition. Cambridge Mass./ London 1983). Eine entscheidende Vorarbeit für *Berman* ist das Werk des im deutschen Sprachraum zu unrecht vergessenen *Eugen Rosenstock-Huessy,* Die europäischen Revolutionen (Jena 1931).

sind, weil sich soziale Zusammenhänge gebildet haben, in denen sie weitergegeben wurden, und weil sich diese sozialen Zusammenhänge als geschichtlich erfolgreich erwiesen haben. Das Christentum ist also ein eminent historisches Phänomen, und wenn wir nach den Möglichkeiten einer „Kirche für die Gesellschaft von Morgen" fragen, so müssen wir eben diese Geschichtlichkeit, d. h. *die wechselseitige Abhängigkeit von Gesellschaftsgeschichte und Christentumsgeschichte* klarer bedenken, als dies bisher im Rahmen der theologischen und praktischen Kirchenlehre geschehen ist.

Wenn wir uns auf die Schwierigkeiten und Möglichkeiten christlichen Lebens und kirchlicher Wirksamkeit in einer Zeitsituation besinnen wollen, die nach verbreiteter Ansicht die Zeichen des *Übergangs* in eine ihren Umrissen nach noch undeutliche ‚post-moderne' Gesellschaft trägt, so müssen wir drei Gedankengänge miteinander zu verbinden suchen:

1. eine Diagnose der ‚modernen' Gesellschaft und ihrer erkennbaren Möglichkeiten, Entwicklungstendenzen und Krisenerscheinungen;

2. eine Diagnose unserer kirchlichen Verhältnisse, die in einem untergründigen Entsprechungsverhältnis zu den gesellschaftlichen Verhältnissen stehen; und

3. eine Konkretisierung christlich-katholischen Selbstverständnisses, wie es insbesondere in den Texten des Zweiten Vatikanischen Konzils sich äußert, im Hinblick auf die diagnostizierte Situation.

Dies kann hier nur exemplarisch geschehen, indem wir uns auf eine bestimmte, für das kirchliche Leben zentrale Problemstellung konzentrieren, nämlich die *Tradierung des Glaubens.* Christlicher Glaube ist für seine geschichtliche Fortexistenz darauf angewiesen, daß er von Generation zu Generation weitergegeben wird, ein Ausgangspunkt, auf den sich Theologen, Kirchenverantwortliche und Soziologen leicht einigen können. Wenn wir aber nun weiter fragen, wovon denn die Tradierungschancen des Christentums abhängig seien, so werden schnell die Differenzen zwischen dem herkömmlichen katholischen Kirchenverständnis und der hier vertretenen soziologischen Perspektive sichtbar.

Nach traditioneller katholischer Auffassung handelt es sich bei der Weitergabe des Glaubens um einen Prozeß, in dem ein inhaltlich feststehender, im wesentlichen unveränderlicher kirchlicher Glaube – das sogenannte ‚depositum fidei' – verkündet und von den Gläubigen in grundsätzlich gleichartiger Weise angeeignet wird. Der Glaube der Kirche und der Glaube der Gläubigen werden hier als im Regelfall isomorph vorausgesetzt; didaktischer Ausdruck dieses Verständnisses waren die dem kanisianischen Katechismus nachgebildeten Katechismen unserer Jugendzeit.

Dieses Denkmodell ist jedoch in mehrfacher Hinsicht unrealistisch[3]: Zunächst gilt schon mit Bezug auf die Inhalte dessen, was wir als christliche oder auch nur kirchliche Tradition bezeichnen, daß sie weit vielschichtiger und umfangreicher ist, als daß sie sich in ein ‚lernbares System' einfangen ließe, das sich identisch durch die Zeit weitergeben läßt. Zwar haben wir natürlich unser Glaubensbekenntnis, aber wir wissen alle, dieses Glaubensbekenntnis ist nicht der ganze christliche Glaube und schon gar nicht die ganze christliche Tradition, und wenn man heute immer wieder nach Kurzformeln des Glaubens fragt, so heißt das offenbar, daß diese Form des Glaubensbekenntnisses, wie sie uns aus dem

---

[3] Vgl. hierzu ausführlicher *F.-X. Kaufmann*, Gesellschaftliche Bedingungen der Glaubensvermittlung, in: *G. Stachel* u. a. (Hrsg.), Sozialisation, Identitätsbildung, Glaubenserfahrung (Zürich und Köln 1979) S. 67–100.

frühen Christentum überkommen ist, offenbar nicht mehr selbstverständlich trägt. Es hat zwar immer solche Systematisierungsversuche gegeben, und sie mögen für theologische Zwecke sogar unverzichtbar sein, aber deren Ergebnis dokumentiert nur *die offensichtliche Vielfalt auch kirchlich legitimer Formen menschlicher Zuwendung zu dem, was uns als Quellen des jüdisch-christlichen Offenbarungsglaubens zugänglich ist.* Und jede dieser Zuwendungsformen akzentuiert andere Ausschnitte oder Perspektiven christlicher Tradition. Die wichtigste Erklärung für dieses Phänomen, das uns heute als Ergebnis der Bibelwissenschaften wie auch dogmengeschichtlicher Forschung in der Theologie unübersehbar geworden ist[4], liegt in den Bedingungen des Tradierungsprozesses selbst. Niemand glaubt heute mehr, wie ich in meiner Jugend noch gelehrt wurde, jedes Wort der Heiligen Schrift sei „verbal inspiriert", sondern die biblischen Texte werden heute als Ergebnis eines mündlichen und zum Teil über verlorene Quellen gelaufenen schriftlichen Tradierungsprozesses interpretiert. Sie dokumentieren also bereits eine frühe ‚Glaubensgeschichte', die mit Bezug auf das Leben und die Lehren Jesu bereits durch das *selektive* Erleben, Erinnern und die spezifische Form des Erzählens transformiert ist. Die Lehren Jesu sind uns also in ‚ursprünglicher' oder in ‚reiner' Form gar nicht zugänglich, sondern stets nur in geschichtlich und sozial vermittelter Form. Und auch der Kanon der Heiligen Schrift, auf den wir uns seit über achtzehnhundert Jahren beziehen können, ist nicht selbst die christliche Tradition, sondern nur deren Quelle. *Christliche Tradition ist also kein feststehender*

---

[4] Vgl. hierzu *P. Stockmeier,* Evangelisierung in der frühen Kirche. Wege und Widerstände. In: Kirche in gemeinsamer Verantwortung. Ergebnisse der österreichischen Pastoraltagung 1986 (Wien [i. Vorb.]).

inhaltlicher Bestand, sondern Ergebnis eines fortgesetzten, sich weiter fortsetzenden, durch die Vielzahl christlicher Glaubensgemeinschaften selbst vielfältig gewordenen, sozial vermittelten Tradierungsprozesses.

Die damit angeschnittene Ausschnitthaftigkeit jeder Aneignung und Weitergabe von Traditionen wird noch viel deutlicher, wenn wir nicht verschiedene Glaubensgemeinschaften und Generationen, sondern den einzelnen Menschen betrachten. Zu allen Zeiten haben die einzelnen Christen nur Ausschnitte der christlichen Tradition gekannt und im günstigen Fall ihr Leben daran ausgerichtet. Was heute gelegentlich als ‚Auswahlchristentum' bezeichnet wird[5], hat es der Sache nach schon immer gegeben. Der Unterschied liegt vielmehr in dem Umstand, daß wir uns heute dieser Selektivität so stark bewußt werden, daß sie sich nicht mehr verdrängen läßt. Das ist tatsächlich ein neues Phänomen, das im übrigen nicht auf Glaubenswahrheiten beschränkt ist, sondern mit der allgemeinen Historisierung unseres Bewußtseins, dem durch die Geisteswissenschaften ermöglichten *Bewußtsein der Geschichtlichkeit* und damit Veränderlichkeit unserer Existenz zusammenhängt.

3. *Tradition, Eschatologie und Säkularisierung*[6]

Damit ist ein Umstand angesprochen, der für die moderne Kultur symptomatisch, wenn nicht gar konstitutiv ist. Alle uns bekannten traditionalen Kulturen beziehen

---

5 Vgl. *P. M. Zulehner,* Religion nach Wahl. Grundlegung einer Auswahlchristenpastoral (Wien 1974).

6 Vgl. zum folgenden ausführlicher: *F.-X. Kaufmann,* Religion und Modernität, in: *J. Berger (Hrsg.),* Die Moderne – Kontinuitäten und Zäsuren. Soziale Welt, Sonderband 4 (Göttingen 1986) S. 283–307.

ihre Glaubwürdigkeit, Legitimität oder Selbstverständlichkeit aus Ereignissen der Vergangenheit, sie „stabilisieren sich nach rückwärts" (A. Gehlen). Tradition gilt, weil sie alt ist, von weit her kommt, weil ihre Ursprünge vor aller Menschheitsgeschichte liegen, weil in ihnen die Zeit sozusagen zum Stillstand gekommen ist. Diese „Statisierung des Werdens", die sich im zyklischen Zeitbegriff, im „Mythos der ewigen Wiederholung" vollzieht, charakterisiert nicht nur das religiöse Denken nahezu aller Kulturen, sondern auch noch die griechische Ontologie und die von ihr geprägte europäische Metaphysik[7]. Unser Denken in Kategorien des Seins, der Ordnung, der Natur und eines aus ihr ableitbaren Naturrechts, der Glaube an feststehende Weltbilder oder eine ‚katholische Weltanschauung', ja auch das gegenwärtige ‚postmoderne' Interesse am Mythos sind von einer Sehnsucht nach letzter Einheit und Unveränderlichkeit geprägt, die mit dem heutigen menschlichen Erfahrungshorizont immer weniger zur Deckung zu bringen ist.

Gegen diese Sehnsüchte nach innerweltlicher Geborgenheit steht – und dies ist uns als Christen viel zu wenig bewußt – von altersher die jüdisch-christliche Gottestradition. Schon der ‚eifersüchtige' Gott des Alten Testaments hat kein Wohlgefallen an Brandopfern, sondern an einem zerknirschten Herzen (Ps. 51, 19), und erst recht der ‚gütige', in seinem Sohn sich selbst für unsere Schuld und Sünden opfernde Gott des Neuen Testaments verheißt nicht die Wiederherstellung des Reiches Israel (Apg. 1, 6), sondern ein Reich, das nicht von dieser Welt ist (Joh. 8, 36), das nur durch Trübsal und Leiden, durch persönlichen Glauben und Entsagung zu gewinnen ist.

---

[7] Vgl. hierzu *M. Eliade*, Kosmos und Geschichte (Reinbek 1966).

Dieses Reich setzt die Wiederkunft Christi voraus, und so begann sich das christliche Denken schon früh an diesem Gedanken der Wiederkunft auszurichten: Christliches Leben verstand sich als Leben in der ‚letzten Weltzeit'. Dieses *eschatologische* Denken ist die Voraussetzung für unseren heutigen Zukunftsbegriff, für unser gerichtetes Zeitverständnis, für die gegenwärtige Historisierung unseres Bewußtseins. Das aufklärerische Fortschrittsdenken stellt, wie vor allem Karl Löwith herausgearbeitet hat, eine säkularisierte Form der christlichen Eschatologie dar[8]. Der Gedanke eines weltgeschichtlichen Fortschritts ist selbst eine *Glaubens*form der Moderne, ein ebenso wenig beweisbares ‚Mythos' wie der Glaube an eine göttliche Weltschöpfung. Im Fortgang der Aufklärung wurde der Fortschrittsglaube zum funktionalen Äquivalent für den sich verlierenden Glauben an die Vernünftigkeit der christlichen Religion. Dieser Glaube wird im 20. Jahrhundert in dem Maße als Mythos durchschaut, als die Gewißheit der Zukunft schwindet. Symptom dieser schwindenden Zukunftsgewißheit wird eine neue Problemformel, die wiederum die Vernichtung der Zeitlichkeit der Zukunft beinhaltet: Der Aufstieg von ‚Sicherheit' als Gegenbegriff zu ‚Freiheit'[9].

Während der Marxismus-Leninismus eine bis heute wirksame gesellschaftliche Institutionalisierung des Fortschrittsglaubens darstellt, war der Nationalsozialismus eine totalitäre und im Kern regressive Reaktion auf die Krise des Fortschrittsglaubens, die sich schon zu Ende des 19. Jahrhunderts etwa bei Kierkegaard und Nietzsche

---

[8] Vgl. *K. Löwith,* Weltgeschichte und Heilsgeschehen (Stuttgart [2]1953).

[9] Vgl. *F.-X. Kaufmann,* Sicherheit als soziologisches und sozialpolitisches Problem. Untersuchungen zu einer Wertidee hochdifferenzierter Gesellschaften (Stuttgart [2]1973) bes. S. 156ff., 215f.

und in vulgärerer Form in Oswald Spenglers „Untergang des Abendlandes" ankündigte.

Nach dem Zweiten Weltkrieg erweckte der hinsichtlich Umfang, Dauer und Intensität in der bisherigen Menschheitsgeschichte einmalige wirtschaftliche Wachstumsprozeß und der gleichzeitige Ausbau des Wohlfahrtsstaats erneut die Hoffnung auf einen dauerhaften Fortschritt, auf den Übergang zu einer durch Demokratie und Respekt der Menschenrechte gekennzeichneten, polyzentrischen, modernen Weltordnung, wie sie in der allgemeinen Erklärung der Menschen- und Bürgerrechte der Vereinten Nationen von 1948 zum Ausdruck kommt. Und die Vereinigten Staaten verstanden sich als die Speerspitze dieses Fortschritts in die Moderne. Das Aufbegehren zunächst der amerikanischen Studenten in der Epoche des Vietnam-Krieges, dann die europäischen Studentenunruhen in den späten 60er Jahren stellten jedoch bald diesen naiven Optimismus in Frage, ohne allerdings den Fortschrittsglauben selbst aufzugeben. Im Gegenteil: Die Studentenbewegung berief sich auf die Ideale ihrer Väter, um die von der Aufklärung verheißenen Fortschritte einzuklagen[10]. Die geistigen Impulse der frühen Studentenbewegung erstarben aber schon bald in deren Zersplitterung, und die von ihr ausgelöste Hoffnung wurde durch das Bewußtwerden der „Grenzen des Wachstums" und seit Mitte der 70er Jahre durch die zunehmende Arbeitslosigkeit überlagert.

Die heute unter dem Stichwort ‚*Post-Modernismus*' erkennbar werdenden Zitterbewegungen des Zeitgeistes lassen vor allem Ratlosigkeit, um nicht zu sagen Ver-

---

[10] Vgl. aus zeitgenössischer Sicht: *S. M. Lipset* (Ed.): Student-Politics. New York 1967; *J. Habermas:* Technik und Wissenschaft als ‚Ideologie'. Frankfurt a.M. 1968.

zweiflung erkennen. Die Hoffnung auf Wohlstand und technischen Fortschritt scheint ebenso verbraucht wie diejenige auf sozial verantwortliche Steuerungsleistungen des Staates oder auf die Kraft rationaler Kritik. Wenn die noch aktiven Vertreter der Frankfurter Schule mit nach wie vor guten Gründen gegenüber dem Verwirrspiel der Post-Moderne auf den normativen Ansprüchen der Aufklärung beharren[11], so scheint solcher Argumentation doch hoffnungstiftende Überzeugungskraft weitgehend abhanden gekommen zu sein.

Die sich beschleunigende Abfolge der ideenpolitischen Konzepte und ihr immer rascherer Verbrauch stellen sich aus soziologischer Perspektive als Konsequenz ökonomischer, politischer und kultureller Entwicklungen dar, die sich vereinfachend als Steigerung strukturierter Komplexität und Interdependenz beschreiben lassen, d. h. als Steigerung der wechselseitigen Abhängigkeit von in sich arbeitsteilig organisierten, immer komplizierter werdenden gesellschaftlichen Teilbereichen (z. B. Marktwirtschaft, Staat, Wissenschaft). Die neuere Gesellschaftstheorie verschiedenster Schattierungen kommt in dieser Diagnose überein: Modernisierung vollzieht sich als strukturelle und funktionale Differenzierung von Gesellschaft (E. Durkheim, T. Parsons, N. Luhmann), als Stabilisierung immer voraussetzungsvollerer, immer längerer Handlungsketten (M. Weber, N. Elias), als stete Vervollkommnung von Teilrationalitäten in Wirtschaft, Technik, Politik, Moral, Wissenschaft und Kunst. Jede dieser Teilrationalitäten formuliert ihre eigenen Gesetze, folgt ihrer eigenen ‚Logik', aber deren

[11] Vgl. *J. Habermas,* Der philosophische Diskurs der Moderne (Frankfurt a. M. 1985); *A. Wellmer,* Zur Dialektik von Moderne und Postmoderne (Frankfurt a. M. 1985).

Schlußfolgerungen lassen sich typischerweise nicht widerspruchslos im Rahmen einer allgemeinen Vernunft zur Deckung bringen. Obwohl unser Wissen über die Verhältnisse, in denen wir und andere leben, im einzelnen immer weiter zunimmt, wird doch unser Wissen von der Welt im Ganzen immer fragmentarischer. Oder genauer: *Wir verlieren immer mehr die Illusion, die Welt im Ganzen begreifen zu können;* je größer die Inseln unseres Wissens werden, desto länger werden auch ihre Strände zum Meer des Nicht-Gewußten hin.

Die im wörtlichen Sinne un-heimlichen Fortschritte unseres Denkens und unserer Handlungsmöglichkeiten im Ganzen bewirken gleichzeitig eine zum mindesten relative Verkleinerung der Handlungsmöglichkeiten des Einzelnen. Immer mehr geschieht, das uns betrifft, und wir können auch wissen, daß es ein Ergebnis von ihrer Absicht nach vernünftigen menschlichen Handlungen ist, aber wir können es nicht mehr zielgerichtet beeinflussen. Wir können uns nur noch auf Systemzusammenhänge verlassen, deren Wirken wir immer weniger durchschauen können. Ein neuer Glaube ist gefordert – ‚Systemvertrauen' hat ihn Niklas Luhmann schon vor zwanzig Jahren genannt [12] –, bei dem wir uns nicht beruhigen können, der aber doch unverzichtbar ist, wenn wir irgend etwas über unsere Alltagswelt Hinausreichendes unternehmen wollen.

Ich muß es bei diesen Andeutungen belassen, um das Ziel dieser Überlegungen, die Erhellung unserer religiösen Situation, nicht aus den Augen zu verlieren. Betrachten wir die kognitive Situation des einzelnen unter diesen überkomplexen gesellschaftlichen Verhältnissen

[12] *N. Luhmann,* Vertrauen – ein Mechanismus der Reduktion sozialer Komplexität (Stuttgart 1968).

im Hinblick auf die Möglichkeiten religiöser Erfahrung, so stellen wir zunächst eine wesentliche Veränderung dessen fest, was aus alltäglicher Perspektive als *Transzendenzerfahrung* gelten kann. Während für den alteuropäischen Menschen jedes Geschick noch mit plausiblen Argumenten religiös gedeutet werden konnte – gute Ernte als Segen, Mißernte als Strafe Gottes, Tod und Rettung aus Gefahr als Eingreifen des Himmels usw. –, können und müssen wir heute wissen, daß alles, was uns widerfährt, natürliche oder soziale Ursachen hat, die wir jedoch meistens nicht begreifen können. Was unsere Erfahrung transzendiert, können wir dennoch zunächst nur unserer Welt zurechnen. Es gibt Ereignisse, die uns schicksalhaft treffen (in der neuen Literatur oft ‚Kontingenzerfahrung' genannt), für die wir aber keine außerweltliche Macht, sondern vernünftigerweise nur ein Ensemble von Verhältnissen verantwortlich machen können, dem wir den schlichten Namen ‚Gesellschaft' gegeben haben. *‚Gesellschaft'* wird für modernes Bewußtsein zur letzten Größe, von der alles abhängt, aber in Wirklichkeit handelt es sich auch hier um eine bloße Chiffre – genau so wie beim Wort ‚Gott' –, die auf etwas letztlich Unbegreifbares verweist. So sind – wie schon Auguste Comte voraussah – die Soziologen an die Stelle der Theologen und Philosophen getreten. Sie sind, wie übrigens auch die Psychologen – neben den Literaten zu Daseinsdeutern der Moderne geworden[13].

Was uns als Christen betroffen machen sollte, ist weniger der Sachverhalt dieses heute meist als ‚Säkularisierung' bezeichneten Prozesses, als der Umstand, daß die

[13] Eine eindringliche Analyse der quasi religiösen Funktionen der Soziologie gibt *F. H. Tenbruck,* Die unbewältigten Sozialwissenschaften oder Die Abschaffung des Menschen (Graz 1984) bes. Kap. 3 u. 5; vgl. auch meine Rezension: Soziologische Revue 8 (1985) S. 107–110.

darin zum Ausdruck kommende „Entzauberung der Welt“ (Max Weber) ja durchaus dem entspricht, was die jüdischen Propheten und Jesus Christus selbst zu wiederholen nicht müde werden. Daß Gott keine Kraft ist, derer sich menschliche List oder Kunst bedienen könne, daß Seine Gedanken nicht die unsrigen sind und unser Fassungsvermögen unendlich übersteigen, *daß also jegliche Sakralisierung der Weltverhältnisse, wie sie für die empirische Religion in allen Gesellschaften – einschließlich der abendländischen – immer wieder charakteristisch gewesen ist, Menschenwerk ist und bleibt.* Auf die Gefahr hin, dadurch in den Verdacht mangelnder Orthodoxie zu geraten, möchte ich betonen, daß dies m. E. auch für die kirchlichen Verhältnisse gilt: Wer Kirche in ihrer konkreten Geschichtlichkeit als ‚Geheimnis‘ interpretiert, baut Denkverbote auf, die wir uns gerade heute nicht leisten können. Damit wird nicht bestritten, daß christlicher Glaube als Gnade aus der geheimnisvollen Unverfügbarkeit Gottes stammt, und so die geschichtliche Kirche in all ihren Stärken und Schwächen auf ein Geheimnis verweist. Aber sie ist nicht selbst dieses Geheimnis, und deshalb stellt z. B. die Sakralisierung kirchlicher Organisationsstrukturen im Zusammenhang mit dem Ersten Vatikanischen Konzil [14] m. E. einen historischen Irrweg dar, der gegenwärtig nicht nur die ökumenische Bewegung behindert, sondern vor allem die Fortentwicklung des Priestertums blockiert.

---

[14] Vgl. die Beiträge von *M. N. Ebertz* und *K. Gabriel* in: *K. Gabriel/F.-X. Kaufmann* (Hrsg.) Zur Soziologie des Katholizismus (Mainz 1980) bes. S. 96 ff., 216 ff.

4. Fortschrittsglaube und Modernität

Die einleitende Situationsdiagnose ließ eine gewisse Lethargie der katholischen Christen in Europa erkennen, die mit den hoffnungsvollen Aufbrüchen nach dem Zweiten Vatikanischen Konzil in auffallender Weise kontrastiert. In der Folge wurde gezeigt, daß ein ähnlicher Hoffnungsverlust sich auch in den profanen Bereichen eingestellt hat, der seinerseits eine Folge des Verlusts an erkennbaren Zukunftsperspektiven ist. In dem Maße nämlich, als die gesellschaftlichen Entwicklungen der letzten dreihundert Jahre, die wir heute zusammenfassend mit dem Begriff der Modernisierung kennzeichnen, in ihrem strukturellen Zusammenhang als fortschreitende Komplexitätssteigerung und wachsende Interdependenz erkennbar werden, wird immer deutlicher, daß die Hoffnungen der Aufklärung, der Mensch werde imstande sein, durch Einsicht die selbstverschuldete Unmündigkeit hinter sich zu lassen und eine auf Vernunft gegründete Ordnung seines Zusammenlebens zu schaffen, sich als *Utopie* erweist[15]. Der Mensch existiert eben nicht in der Einzahl, sondern nur im Plural, und dies in der Vielfalt seiner kulturellen Formen und in der Unaufhörlichkeit seiner Geschichte. Alle Einheits- und Hoffnungskategorien werden durch unsere wissenschaftlichen Fortschritte entmystifiziert. Das utopische Denken selbst, dem für die Stabilisierung der Modernisierungsprozeß erhebliche Bedeutung zukam[16], scheint seine Kraft eingebüßt zu haben – die Post-

[15] Hermann *Lübbe* begründet daher philosophisch die „aufklärungsresistente Funktion der Religion" mit der lebenspraktischen Bedeutung der Anerkennung der Unverfügbarkeit unseres Daseins. Vgl. Religion nach der Aufklärung (Graz 1986) bes. S. 160ff., 224ff.

[16] Vgl. *W. Voßkamp:* Utopieforschung. Interdisziplinäre Studien zur neuzeitlichen Utopie. 3 Bände, Stuttgart 1982.

Moderne kehrt zum Mythos zurück. Die Spannkraft unserer Zukunftsbezogenheit scheint erlahmt, dies kommt nicht zuletzt in der Verdrängung des Fortschrittsbegriffs durch denjenigen der Moderne zum Ausdruck.

Nicht mehr Vorsehung und Güte eines Schöpfergottes, noch das Sein des Seienden, noch das Ziel der Geschichte bieten einen Rahmen, die Welt als Einheit zu begreifen, sondern *wenn es noch etwas allem Gemeinsames gibt, so ist es die Bewegung, die Veränderlichkeit.* Dementsprechend definiert die französische Encyclopaedia Universalis von 1972 Modernität als „morale canonique du changement", als die moralische Legitimität des Wandels, der Veränderlichkeit. Reflexes modernes Bewußtsein rechnet mit der Vorläufigkeit seiner Ordnungsmuster und begründet seine Selbstbehauptung durch Lernprozesse. Die Zukunft ist nicht mehr – wie im Fortschrittsbegriff – als kollektive Verheißung, sondern nur noch als Raum des Möglichen gewiß.

Dieser Bewußtseinswandel ist ein durchaus adäquater Ausdruck realer Veränderungen unserer Lebensbedingungen, die auch tatsächlich immer verflochtener, immer voraussetzungsreicher und immer undurchschaubarer werden. Das hat mit dem Fortschritt der gesellschaftlichen Arbeitsteilung, mit der strukturellen Differenzierung von Gesellschaft und der damit ermöglichten Verlängerung von Handlungsketten zu tun. Man überlege einmal, wie viele Menschen und Apparate zusammenwirken müssen, um z.B. die Effektivität des heutigen europäischen Eisenbahnnetzes zu gewährleisten – ein internationales Zusammenwirken, das seinerseits nur auf der Basis über hundertjähriger nationaler Anstrengungen und Erfahrungen zustande kommen konnte; wie wenig selbstverständlich das ist, zeigt der

Zustand des Bahnwesens z. B. in den Vereinigten Staaten.

Wenn wir uns also heute kollektiv auf den Gedanken der Veränderlichkeit aller Dinge einlassen können – und nicht mehr, wie in traditionalen Gesellschaften, die Fiktion einer statischen Ordnung aufrechterhalten müssen – so hat dies nicht mit einer größeren Instabilität, sondern mit einer faktisch größeren Stabilität moderner Gesellschaften zu tun. Unsere sogenannte Sinnkrise ist keine Folge eines Werteverlusts, sondern im Gegenteil eine Folge der errungenen kollektiven Fähigkeit zur gleichzeitigen Stabilisierung einer überwältigenden Vielzahl werthafter Möglichkeiten.

Die für die Erweiterung unserer Handlungsmöglichkeiten so überaus erfolgreichen Modernisierungsprozesse bringen jedoch gleichzeitig eine wachsende Desorientierung für den einzelnen mit sich: *Traditionen, die bisher das Leben im Rahmen überschaubarer sozialer Einheiten stabilisiert haben, verlieren ihre Glaubwürdigkeit, werden als unzulässige Vereinfachungen durchschaut.* Und das gilt auch für den kirchlichen Bereich, wie ich anhand der Vorstellungen über die Tradierungen des Christentums zu verdeutlichen suchte.

Auch wenn wir gerade in dieser Zeitsituation allen Grund haben, an der welttranszendierenden Unbegreifbarkeit Gottes und am Gedanken der Geschöpflichkeit der Welt glaubend festzuhalten, so müssen wir doch gleichzeitig erkennen, daß uns diese Botschaft selbst nur in geschichtlich vermittelter Form, als Werk von Menschen für Menschen, zugänglich ist. Die Kirche ist kein geschichtsenthobener Raum reiner Geister, sondern selbst ein historisches Gebilde, der mühsame Versuch, die Botschaft Jesu Christi im Fortgang der Zeiten und in Verbindung mit verschiedenen Kulturen zum Tragen zu bringen. Und indem Kirche sich stets im Handeln von Menschen realisiert, die ihrerseits Kinder ihrer Zeit und Kultur sind, die zudem nach christlichem Selbstverständnis Sünder genannt werden müssen, denen also nur Glaube, Hoffnung und Liebe bleiben, um die Schwächen ihrer Menschennatur wenigstens ansatzweise zu überwinden, ist auch sie stets verstrickt in die menschliche Geschichte.

Daraus folgt für uns, die wir nach einer „Kirche für die Gesellschaft von morgen" fragen, daß wir uns der Geschichtlichkeit unserer kirchlichen Existenz ebenso bewußt werden müssen wie der Zeitsituation, aus der die „Gesellschaft von morgen", oder sagen wir nun bescheidener: unsere hinsichtlich ihrer Möglichkeiten nicht absehbare, vielfältige Zukunft hervorgehen wird.

5. *Wandlungen des Kirchenverständnisses*

Zu den entscheidenden geistigen Durchbrüchen des Zweiten Vatikanischen Konzils gehört die *theologische* Verarbeitung der Geschichtlichkeit menschlicher Existenz. Mit Bezug auf das eigene kirchliche Selbstverständnis bleibt der Gedanke der Geschichtlichkeit allerdings eher implizit, und dies ist angesichts des Glaubenszeugnisses, das ja das erste Anliegen des Konzils war und sein mußte, durchaus verständlich. Das Zweite Vatikanische Konzil hat selbst Geschichte gemacht, es markiert einen Wendepunkt des kirchlichen Selbstverständnisses, und sein Veränderungspotential ist m. E. noch lange nicht erschöpft. Vieles ist in den Konzilstexten allerdings erst anfänglich gesagt, sie haben weit mehr die Prämissen des kirchlichen Denkens verändert als daraus schon die Schlußfolgerungen gezogen.

Dies sei anhand eines zentralen Problems des Zweiten Vatikanums, nämlich des Kirchenverständnisses, verdeutlicht. Wenn wir historisch fragen, wie sich das Selbstverständnis der Kirche im Laufe der Jahrhunderte gewandelt hat, so können wir eine überraschende Erfahrung machen: Es gibt bis an die Schwelle der Neuzeit eigentlich kein explizites kirchliches Selbstverständnis. Der Kirchenbegriff wurde bis dahin im wesentlichen im Kontext biblischer Symbole ausgelegt (z.B. ‚Braut Christi', ‚Weinstock – Reben'), er bezeichnete aber keine soziale Einheit, hierfür diente vor allem der Name ‚Christenheit'. Erst die beiden letzten Konzilien haben Aussagen über die Kirche als geschichtliches Subjekt formuliert, und zwar mit sehr unterschiedlichen Schwerpunktsetzungen.

Die Aussagen des Ersten Vatikanums entstanden unter dem Eindruck der politischen Souveränitätslehre im Zeitalter der Nationalstaaten. Sie waren im wesentlichen darauf gerichtet, die Unabhängigkeit und Selbständigkeit der Kirche gegenüber dem Staat zu betonen, und verstehen daher den Papst als Souverän neben und über den Staaten. Bekanntlich wurde das Erste Vatikanum infolge des Ausbruchs des deutsch-französischen Krieges von 1870/71 vorzeitig abgebrochen. Gemäß den kurialen Absichten sollte das Konzil auch eine Kirchenkonstitution verabschieden, wozu es jedoch nicht mehr kam. Ein Auszug aus dem Entwurf dieser Kirchenkonstitution mag das damalige Denken verdeutlichen:

„Die Kirche besitzt alle Eigenschaften einer wahren Gesellschaft ... Die Kirche ist nicht Glied oder Teil irgend einer anderen Gesellschaft, mit keiner anderen irgendwie vermengt. In sich selbst ist sie so vollkommen, daß sie sich von allen menschlichen Gemeinschaften abhebt und weit über sie hinausragt ... Die Kirche ist in ihrer Verfassung so völlig abgegrenzt und bestimmt, daß keine Gesellschaft, die von der Einheit des Glaubens oder von der Gemeinschaft dieses Leibes getrennt ist, irgendwie Teil oder Glied der Kirche genannt werden könnte. Die Kirche ist auch nicht durch die verschiedenen Gesellschaften, die sich christlich nennen, zerstreut und geteilt; sie ist ganz in sich gesammelt und zur Einheit geschlossen.[17]"

Kirche wird hier also als ‚societas perfecta' verstanden, als ‚vollkommene Gesellschaft', die von äußeren Einflüssen unabhängig ist und stets dieselbe bleibt. Alle Geschichtlichkeit bleibt aus diesem Kirchenverständnis ausgeblendet, auch der – bezogen auf die älteren Lehren ja durchaus neuartigen – Jurisdiktionsprimat des Papstes wird über das Petrusamt als von Anfang an bestehend behauptet. Dazu als Gegensatz ein Auszug aus der Kirchenkonstitution des Zweiten Vatikanischen Konzils:

„Bestimmt zur Verbreitung über alle Länder, tritt die Kirche in die menschliche Geschichte ein und übersteigt doch zugleich Zeiten und Grenzen der Völker. Auf ihrem Weg durch Prüfungen und Trübsal wird die Kirche durch die Kraft der ihr vom Herrn verheißenen Gnade Gottes gestärkt, damit sie in der Schwachheit des Fleisches nicht abfalle von der vollkommenen Treue ... In allen Völkern der Erde wohnt also dieses eine Gottesvolk, da es aus ihnen allen seine Bürger nimmt, Bürger eines Reiches freilich nicht irdischer, sondern himmlischer Natur ... Da aber das Reich Christi nicht von dieser Welt ist ..., so entzieht die Kirche oder das Gottesvolk in der Verwirklichung dieses Reiches nichts dem zeitlichen Wohl irgendeines Volkes. Vielmehr fördert und übernimmt es Anlagen, Fähigkeiten und Sitten der Völker, so weit sie gut sind. Bei dieser Übernahme reinigt, kräftigt und hebt sie es aber auch.[18]"

---

[17] *J. Neuner/H. Roos* (Hrsg. *K. Rahner*), Der Glaube der Kirche in den Urkunden der Lehrverkündigung (Regensburg ^{7}1965) S. 229ff.

[18] Dogmatische Konstitution über die Kirche „Lumen gentium", Ziff. 9 u. 13, zit. n. *K. Rahner/H. Vorgrimler,* Kleines Konzilskompendium (Freiburg i.Br. ^{6}1969) S. 133f., 138.

Obwohl diese Formulierungen des Zweiten Vatikanums weniger ‚soziologisch' klingen als diejenigen, die dem Ersten Vatikanum vorgelegt werden sollten, sind sie doch weit eher mit unserem heutigen Gesellschaftsverständnis vereinbar. Hier wird deutlich, daß die Kirche keine von der Gesellschaft getrennte Einheit ist, daß sie keine geschlossene, soziale Sonderwelt darstellt, sondern im Gegenteil eine in allen Völkern bzw. Gesellschaften wohnende Einheit ist, die gerade durch ihre Wechselwirkungen mit diesen zur Hebung von deren „Anlagen, Fähigkeiten und Sitten" beiträgt – oder doch beitragen soll. Während also das Kirchenverständnis des Ersten Vatikanums ganz auf sich selbst bezogen und nach außen geschlossen ist, wie es auch der damaligen antimodernistischen Abgrenzungsstrategie des Katholizismus in einer ‚katholischen Subkultur' entsprach, betont das Zweite Vatikanische Konzil die Umweltoffenheit von Kirche, die ja nur in ihrem Austausch mit dem, was dann meist als ‚Gesellschaft' bezeichnet wird, ihrer Aufgabe gerecht werden kann.

Aus soziologischer Sicht ist die These von Hermann-Josef Pottmeyer, daß die Aussagen des Ersten und des Zweiten Vatikanischen Konzils über die Kirche als *sich ergänzende* kirchengeschichtliche Innovationen zu interpretieren sind, durchaus einleuchtend:

„Mit dem Jurisdiktions- und Lehrprimat wurde die Entscheidungsgewalt eines einzelnen festgestellt, des Papstes nämlich, soweit er *in persona Ecclesiae* handelt. Das ist eine Innovation gegenüber der alten Kirche, steht aber zugleich in jener grundlegenden Kontinuität, mit der sich die Kirche immer mehr als Subjekt entdeckt, als Subjekt, das sich durch Innovationsentscheidungen fortlaufend realisiert ... Das Subjektsein der Kirche bleibt aber insofern unterbestimmt, als der Papst nicht das einzige konkrete Subjekt in der Kirche ist. ... Hier nun setzt die Innovation des II. Vatikanums ein, die darin besteht, daß es das Subjektsein der Kirche als Ganzer, als Volk Gottes und als Heilssakrament für die Welt feststellt. Das Subjektsein der Kirche verwirklicht sich in der Sicht des II. Vatikanums als *communio* von Subjekten; neben dem Papst wird auch den Bischöfen, Priestern und Laien eine aktive Rolle zugesprochen. In das Subjektsein werden aber nicht nur die einzelnen Glieder, sondern auch die kirchlichen Strukturelemente einbezogen, die neben dem Papstamt bestehen: Das Kollegium des Episkopats und die Teil- und Ortskirchen, in denen sich die *communio fidelium* vollzieht.[19]"

An diesem Zitat ist dreierlei bemerkenswert:

1. Entgegen einer in der römisch-katholischen Theologie verbreiteten Neigung, jede Innovation als Fortsetzung oder zum mindesten Wiederbelebung einer alten Tradition zu interpretieren, wird hier die geschichtliche Neuartigkeit des im Anschluß an die Napoleonischen Entmachtungen entstehenden Kirchentums und damit der geschichtliche Charakter der Kirche selbst theologisch anerkannt.

2. Der Gedanke einer erst in der Neuzeit entstehenden Subjekthaftigkeit der Kirche entspricht durchaus gesellschaftstheoretischen Einsichten[20].

3. Wie sich der analoge Gedanke der staatlichen Souveränität – Souveränität bedeutet ja die Subjekthaftigkeit eines Kollektivs – zunächst in der Form des absolutistischen Staates historisch realisierte, so hat auch das Erste Vatikanum zunächst den einfachen Gedanken einer monokratischen Souveränität formuliert.

---

[19] *H. J. Pottmeyer,* Kontinuität und Innovation in der Ekklesiologie des II. Vatikanums, in: *G. Alberigo* u. a. (Hrsg.), Kirche im Wandel – eine kritische Zwischenbilanz nach dem Zweiten Vatikanum (Düsseldorf 1982) S. 89–110, Zitate S. 106 f.

[20] Das gedankliche Konzept einer ‚freien Kirche' als innerweltlichem Subjekt hat sich allerdings bereits im Anschluß an den Investiturstreit gebildet (vgl. *Berman,* a. a. O., Kap. 2), wurde aber erst im 19. und 20. Jahrhundert wirklich.

Und wie es in der Folge gelang, über die Verbindung des Gedankens der Demokratie mit demjenigen des Rechts- und Verwaltungsstaats die Idee eines in sich gegliederten, komplexen politischen Systems zu entwickeln, so formuliert auch der Gedanke der Kirche als *Communio* von durch Strukturen verbundenen Subjekten eine wesentlich komplexere Vorstellung, die sich durchaus im Sinne gegenwärtiger Systemtheorie formulieren läßt.

Wir können also festhalten, daß das Zweite Vatikanum durchaus theologische Antworten auf gesellschaftliche Entwicklungen gefunden hat, die die soziale Verfassung des Christentums verändert haben[21].

Im Rahmen der sozialstrukturellen Veränderungen der Neuzeit, die wir im Vorangehenden als strukturelle und funktionale Differenzierung von Gesellschaft angesprochen haben, hat sich auch der gesellschaftliche Ort des Christentums verändert: Im Zuge der Neuzeit konzentriert sich sozusagen das christliche Moment mehr und mehr in der kirchlichen Organisation, während die übrigen Gesellschaftsbereiche ihre eigenen, von christlichen Sinngehalten weitgehend ‚gereinigten', emanzipierten Sinndeutungen entwickeln. Wie sich die Güterproduktion und -verteilung im Wirtschaftssystem und die Ausübung bzw. Kontrolle von Macht im Staat konzen-

[21] Das ließe sich auch für das Verhältnis von Kirche und übrigen Gesellschaftsbereichen zeigen: „Wenn wir unter Autonomie der irdischen Wirklichkeit verstehen, daß die geschaffenen Dinge und auch die Gesellschaften ihre eigenen Gesetze und Werte haben, die der Mensch schrittweise erkennen, gebrauchen und gestalten muß, dann ist es durchaus berechtigt, die Autonomie zu fordern ... Wird aber mit den Worten Autonomie der zeitlichen Dinge gemeint, daß die geschaffenen Dinge nicht von Gott abhängen und der Mensch sie ohne Bezug auf den Schöpfer gebrauchen könne, so spürt jeder, der Gott anerkennt, wie falsch eine solche Aussage ist, denn das Geschöpf sinkt ohne den Schöpfer ins Nichts" (Pastoralkonstitution „Gaudium et Spes", Ziff. 36, zit. n. *Rahner/Vorgrimler,* a. a. O., S. 482 f.).

triert hat, so konzentriert sich die religiöse Kommunikation nunmehr auf die Kirchen, man kann diesen Prozeß als „Verkirchlichung des Christentums" bezeichnen[22]. Mit dieser ‚organisierten Spezialisierung' im Rahmen unterschiedlicher Funktionsbereiche ist zunächst eine charakteristische bereichsinterne Leistungssteigerung verbunden. Das gilt nicht nur für die Produktivitätsfortschritte der Wirtschaft und die Gewährleistung von Unabhängigkeit und Ordnung im Rahmen des Staates oder hinsichtlich der verbesserten Erziehung und Kinderpflege in der Familie, sondern auch im Bereich der religiösen Kommunikation: Es läßt sich an der Geschichte der Theologie ebenso zeigen wie an der wachsenden religiösen Bildung der Laien, der Ernsthaftigkeit des kirchlichen Engagements der Bischöfe (deren Residenzpflicht erst im 19. Jahrhundert voll durchgesetzt wurde!) oder der Effektivität christlicher Caritas in den letzten einhundertfünfzig Jahren.

Aber diese strukturelle Verselbständigung gesellschaftlicher Funktionsbereiche kann dennoch nicht das letzte Wort der sozialen Entwicklung sein. Denn mehr und mehr werden uns auch die *Kosten dieser bereichsinternen Leistungssteigerung* deutlich: Im Bereich der Wirtschaft etwa in Form der sog. externen Effekte, von denen die Belastungen unserer natürlichen Umwelt die bekanntesten sind[23]. Im Einflußbereich des Staates etwa die Probleme der Verrechtlichung und Bürokratisierung sozialer Beziehungen, durch die elementare Formen der

---

[22] Vgl. *F.-X. Kaufmann,* Kirche begreifen. Analysen und Thesen zur gesellschaftlichen Verfassung des Christentums (Freiburg i. Br. 1979) S. 100ff.

[23] Zu den Risiken, die sich für eine nach Teilrationalitäten strukturierte, überkomplexe Gesellschaft aus solch bereichsüberschreitenden Gefährdungen ergeben, vgl. nunmehr *N. Luhmann,* Ökologische Kommunikation (Opladen 1986).

Solidarität tendenziell zersetzt werden. Und im Bereich der Wissenschaften eine Abschottung von den praktischen Problemen, eine Verselbständigung des Erkenntnisdranges, dessen technische Ergebnisse – man denke etwa an Atomkraft oder Gentechnologie – sich immer weniger unter Gesichtspunkten der allgemeinen menschlichen Nützlichkeit kontrollieren lassen. Ebenso steht zu vermuten, daß auch die Verkirchlichung des Christentums nicht ohne nachteilige Folgen bleibt.

6. *Folgeprobleme der ,Verkirchlichung' des Christentums*

Eine Vielzahl aktueller kirchlicher Probleme wird verständlicher, wenn wir sie in der Perspektive einer Verkirchlichung des Christentums deuten. Schauen wir genauer hin: Kirche erscheint heute im wesentlichen als ,Amtskirche', also als hierarchische kirchliche Organisation mit bemerkenswerten Strukturähnlichkeiten zu Organisationsformen im Bereich des Staates und der Wirtschaft. Alle Merkmale des von Max Weber entwickelten Begriffs bürokratischer Herrschaft[24] treffen auch auf die ,Amtskirche' zu:

1. Alle wesentlichen Manifestationen von ,Kirche' werden von *hauptamtlichem* Personal durchgeführt, das aufgrund bestimmter fachlicher Eigenschaften ausgewählt und angestellt wird. Um mögliche Alternativen zu sehen, denke man etwa an den früheren bischöflichen

[24] Vgl. als Überblick *W. Schluchter*, Aspekte bürokratischer Herrschaft. Studien zur Interpretation der fortschreitenden Industriegesellschaft (München 1972). – Zur Bürokratisierung der Katholischen Kirche im 19. Jahrhundert vgl. *K. Gabriel – F.-X. Kaufmann* (Hrsg.), Zur Soziologie des Katholizismus, a.a.O., S. 96ff., 184f., 212ff.

Landesfürsten, den nebenamtlichen (z. B. Arbeiter-) Priester oder Diakon, an das ehrenamtliche Engagement (heute meist auf Laien beschränkt) oder an das lebenslange umfassende Engagement in der Form der Orden.

2. *Amtshierarchie:* Es herrschen eindeutige Über- und Unterordnungsverhältnisse. Untere Stellen haben Kompetenzen nur aufgrund von Delegation. Die Entscheidungskompetenz liegt bei der Verwaltungsspitze, daher *zentralisierte* Organisation. Für das Personal ergeben sich aufgrund der hierarchischen Organisation charakteristische Laufbahnen. Der soziale Aufstieg erfolgt durch *Ernennung* zu einem höheren Amt. Früher dagegen wurden Pfarrer und Bischöfe häufig vom Volk (oder Domkapitel) *gewählt.* Zahlreiche Orden sind „von unten nach oben" organisiert. In jüngster Zeit scheint sich vor allem im Modell der sog. Basisgemeinde eine neue, nicht zentralistische Form religiöser Organisation herauszukristallisieren.

3. *Feste Kompetenzverteilung:* Genaue Abgrenzung von Zuständigkeiten im Rahmen einer arbeitsteiligen Organisation, d. h. *Stellenförmigkeit* der Organisation. Dies setzt schriftliche Regeln der Amtsführung und Aktenförmigkeit des Verfahrens voraus, wenn die zielgerichtete Organisation gelingen soll. Als Alternative wäre hier an teamförmige Kooperationsstrukturen oder an das Vertrauen auf improvisierte Problemlösungen durch situationsspezifisches Handeln zu denken.

4. *Zuweisungen der Betriebsmittel:* Die einzelnen ‚Stellen' beschaffen sich die benötigten Mittel nicht selbst, sondern sie werden ihnen ‚von oben' zugewiesen. Das setzt ein zentralisiertes Verfahren der Mittelbeschaffung – *Kirchensteuer* – voraus. Alternative Finanzierungsmodi stellten früher die sog. Pfarrpfründen dar, heute wäre an die Alternative freiwilliger oder vereinbar-

ter Beiträge der Gemeindemitglieder zu denken, wie sie heute bereits in zahlreichen Ländern existieren.

Obwohl im und nach dem Zweiten Vatikanischen Konzil versucht wurde, durch eine stärkere Betonung der Kollegialität sowie durch die Einrichtung verschiedener Priester- und Laienräte ein organisatorisches Gegengewicht zum hierarchischen Moment des ‚amtskirchlichen Modells' zu schaffen, habe ich nicht den Eindruck, daß diese Versuche sehr erfolgreich gewesen sind. Dies hängt nicht zuletzt damit zusammen, daß sie die eigentliche Kompetenzverteilung in keiner Weise modifiziert haben. Kirchenrechtlich gilt nach wie vor ein unumschränkter Jurisdiktionsprimat des Papstes und eine Allzuständigkeit des Bischofs im Rahmen seiner Diözese, wobei diese Kompetenzen jedoch mehr und mehr arbeitsteilig durch die päpstliche Kurie bzw. die bischöflichen Generalvikariate mit ihren Abteilungen wahrgenommen werden. Das Erscheinungsbild der Kirche gegenüber den Gläubigen wie auch den untergeordneten Amtsträgern ist dasjenige des ‚amtskirchlichen Modells', und dieses paßt allzu gut zu den gegenwärtigen wohlfahrtsstaatlichen Strukturen: Mehr und mehr entwikkeln nämlich die Menschen, die unter so hochorganisierten Sozialverhältnissen zu leben haben wie den unsrigen, eine bewußte Distanz zu den Großorganisationen, von denen ihre Lebensbedingungen abhängen. In Analogie zur wohlfahrtsstaatlichen Struktur erscheint Kirche heute vorwiegend als ‚Amtskirche' mit einem bestimmten ‚Leistungsangebot', dessen man sich ‚bedienen' kann. *Erschien unter den Bedingungen des herrschaftlichen Kirchenverständnisses der ‚societas perfecta' der Gläubige im kritischen Fall als ‚Untertan', so erscheint er unter dem vorherrschenden Denkmodell der ‚Angebotskirche' als ‚Konsument'.* Natürlich liegt in dieser einseitig soziologischen Interpretation eine gewisse Übertreibung, die aber m. E. das Verhältnis zu den Kirchen zum mindesten in der Bundesrepublik Deutschland recht gut kennzeichnet.

Wie problematisch das skizzierte Kirchenverständnis ist, wird insbesondere am bereits einleitend angesprochenen *Problem der Glaubenstradierung* sichtbar: Mehr und mehr scheinen die Eltern die religiöse Erziehung ihrer Kinder nicht mehr als ihre ureigenste Aufgabe anzusehen, sondern als eine ‚Leistung', die von ‚den Kirchen' erwartet werden kann, die hier also in Analogie zur Schule oder anderen sozialen Dienstleistungen gesetzt werden. Die darin zum Ausdruck kommende ‚Rollendistanz', welche die Beziehung zur Kirche also als eine Rolle unter vielen anderen begreift, nicht als etwas, was die Person im ganzen verpflichtet, entspricht sehr genau den Anforderungen, die in modernisierten, überkomplexen Gesellschaften an die menschliche Identität gestellt werden[25]. Auch das Abschieben der religiösen Erziehungskompetenz an die Kirche erscheint als konsequente Folge der strukturellen und funktionalen Ausdifferenzierung von Familie und Religion[26]. Weil also Kirche zur auf Religion spezialisierten Organisation geworden ist, wird von den Menschen, die ihre Identität im Widerspruch der unterschiedlichsten organisatorischen und rollenmäßigen Anforderungen zu behaupten trachten, auch die Vermittlung von ‚Religion' in die spezialisierte Zuständigkeit der Kirchen erwiesen.

---

[25] Vgl. hierzu *L. Krappmann,* Soziologische Dimensionen der Identität (Stuttgart ³1973).

[26] Vgl. *H. Tyrell,* Familie und Religion im Prozeß gesellschaftlicher Differenzierung, in: *V. Eid – L. Vaskovicz* (Hrsg.), Wandel der Familie – Zukunft der Familie (Mainz 1982) S. 19–74.

Die organisierten Formen der religiösen Unterweisung sind jedoch keineswegs besonders geeignet, um ethisches und religiöses Lernen in Gang zu setzen. Das gilt wenigstens unter der Voraussetzung, daß wir ein sozusagen existenzielles Verhältnis des Menschen zum Christentum postulieren, daß wir also von einem christlichen Menschen erwarten, daß sein Glaube identitätsprägend sei[27], daß er also nicht nur eine kirchliche *Rollen*beziehung beinhalte. Wenn wir uns eine motivkräftige Weitergabe des christlichen Glaubens wünschen, wenn wir also der Auffassung sind, christliche Sinngehalte müßten Bestandteil der tragenden Überzeugungen eines Menschen werden, so müssen wir danach fragen, auf welche Weise solche Überzeugungen im Individuum aufgebaut werden können. Die Lerntheorie bezeichnet die entsprechenden Lernprozesse als ‚Vorbildlernen', welches in der Regel durch Identifikation mit bewunderten, geliebten oder zum mindesten vertrauten Menschen zustande kommt[28].

Die naheliegendsten Identifikationspersonen sind in der Regel die eigenen Eltern, und schon von daher kann die Bedeutung ihres religiösen Vorbildes gar nicht überschätzt werden, doch fällt es zum mindesten aus strukturellen, in der Regel auch aus ideologischen (‚Selbstbestimmung') und häufig auch schon aus persönlichen Gründen mangelnder Gläubigkeit immer mehr aus. In-

[27] Identitätsprägender Glaube wird sich weniger in kirchlicher Teilnahme als im Verhalten bei Grenzerfahrungen äußern: Beispielsweise im Verzicht auf eigene Vorteile um eines Mitmenschen willen, im Widerstand gegen unmoralische Verhältnisse oder in der Fähigkeit zum Leiden ohne Verdrängung.

[28] Vgl. hierzu in unmittelbarer Anwendung auf den religionspädagogischen Bereich *G. Stachel – D. Mieth,* Ethisch handeln lernen – Zu Konzeption und Inhalt ethischer Erziehung (Zürich 1978), bes. S. 86ff.

folge der zunehmenden Überalterung des Klerus und vielerorts auch schon des Priestermangels fallen zudem auch die Geistlichen mehr und mehr als mögliche Identifikationspersonen aus, die religiöse Unterweisung durch Laien als Religionslehrer entbehrt aber des ‚Amtscharismas' und gestattet in der Regel nicht den Aufbau von dauerhaften und komplexen Sozialbeziehungen, wie sie für das Entstehen von Identifikation notwendig wären[29]. Aufgrund dieser Überlegungen scheint es also keineswegs verwunderlich, wenn die religiöse Bindung der Jugend heute nur noch diffus und schwach entwickelt ist. Ausnahmen, die die Regel bestätigen, kommen im Zweifelsfall aus sehr christlichen Elternhäusern oder aus ländlichen Gegenden mit einem noch intakten volkskirchlichen Milieu. Daneben begegnen wir gelegentlich auch echten Konversionen, die heute aber typischerweise nicht die Abkehr von einem anderen christlichen Bekenntnis bedeuten, sondern eher eine Neuentdeckung christlicher Sinngehalte überhaupt, denen man im Laufe von Kindheit und Jugend kaum begegnet war. Aber bisher scheint diese ‚Bekehrung' im jugendlichen oder erwachsenen Alter doch eine Ausnahmeerscheinung, auf die sich unser kirchliches Leben noch überhaupt nicht eingestellt hat. Es spricht aber vieles dafür, daß die ursprüngliche, missionarische Aufgabe der Christen mit dem Abbröckeln der volkskirchlichen Bestände erneut als Herausforderung unser kirchliches Selbstverständnis prägen muß.

---

[29] Vgl. hierzu und zu Konzepten der Glaubenstradierung ausführlicher: *F.-X. Kaufmann – G. Stachel,* Religiöse Sozialisation, in: Christlicher Glaube in moderner Gesellschaft. Teilband 25 (Freiburg i. Br. 1980) S. 117–164.

7. *Auf der Suche nach Zukunftsperspektiven*

Wenn wir uns die Zeit vergegenwärtigen, in der sich das Christentum im römischen Weltreich durchgesetzt hat, so erkennen wir, daß dies am Ende einer Epoche geschah, die wir heute meist als ‚Spätantike' bezeichnen. Das Christentum erschien hier als eine neue, Hoffnung vermittelnde Religion, was sicher maßgeblich zu seinem historischen Erfolg beigetragen hat. Obwohl meine einleitenden Bemerkungen nahelegen könnten, daß auch wir uns in einer Art Endzeitstimmung befinden, sollten wir daraus jedoch nicht vorschnell auf neue Chancen des Christentums hoffen. Dies würde jedenfalls zunächst eine weit stärker kritische Distanzierung der Christen von den gesellschaftlichen Verhältnissen voraussetzen, unter denen wir heute leben. Denn diese Verhältnisse prägen – und dies sollte vor allem deutlich werden – auch die kirchlichen Verhältnisse, und daher gibt es nur wenige Anzeichen, daß unser Christentum heute ein die gesellschaftlichen Verhältnisse über ihre bisherigen Möglichkeiten hinaustreibendes, hoffnungsvoll stimmendes Element enthalte. Die Kirche für die Gesellschaft von morgen ist also weitgehend noch ein abstraktes Postulat und keine erkennbare Perspektive[30].

Dieses etwas deprimierende Ergebnis ist allerdings an unseren engen mitteleuropäischen Erfahrungshorizont gebunden. In weltkirchlicher Perspektive ist gleichzeitig eine Konsolidierung und Entwicklung eigenständiger

[30] Erinnert sei in diesem Zusammenhang an Karl Rahners Forderungen einer für verschiedene geistige Strömungen offenen, ökumenischen, von der Basis her aufgebauten, durch beschließende Mitwirkung von Klerus und Laien gesteuerten, gesellschaftskritischen, zukünftigen Kirche. Vgl. *K. Rahner*, Strukturwandel der Kirche als Aufgabe und Chance (Freiburg i. Br. 1972).

christlicher Traditionen in großen Teilen der Dritten Welt zu beobachten, und dies scheint das eigentlich Erregende unserer kirchlichen Zeitsituation zu sein, das uns ja auch durch die lebhaften Reiseaktivitäten des gegenwärtigen Papstes immer wieder ins Bewußtsein gebracht wird. Die katholische Kirche befindet sich gegenwärtig im Übergang von einer im Kern abendländischen zu einer kulturell-polyzentrischen Weltkirche, wie dies Johann Baptist Metz formuliert[31]. Auch wenn dieser Übergang vielfältige Spannungen erwarten läßt, darf er doch als das wichtigste vitalisierende Moment im katholischen Christentum der Gegenwart angesehen werden. Es äußert sich nicht nur in der zunehmenden ‚Farbigkeit' des Weltepiskopats und der Internationalisierung der römischen Kurie, sondern vor allem in der Entstehung eigenständiger Theologien und Frömmigkeitsformen in den Ländern der sog. Dritten Welt. Hier entsteht eine Dynamik, die sich mit administrativen Mitteln der römischen Zentrale immer weniger wird kontrollieren lassen, und zu neuen Formen weltkirchlicher Kommunikation drängt. Das prominenteste Beispiel für derartige Prozesse, die in Zukunft m. E. noch weit größere Bedeutung erlangen werden, stellte in den letzten Jahren die Auseinandersetzung um die lateinamerikanische „Theologie der Befreiung" dar. Nicht also die Scheinharmonie eines zentralisierten Kirchentums, sondern gerade die Auseinandersetzungen unter Christen – gewiß im Horizont des gemeinsamen Glaubens – stellen das vitalisierende Moment des geschichtlichen Christentums dar. Und wenn nicht alles täuscht, werden solche geistigen Auseinander-

[31] Vgl. J. B. Metz, Im Aufbruch zu einer kulturell polyzentrischen Weltkirche. In diesem Band S. 93.

setzungen in unserer gesellschaftlichen Epoche des Übergangs noch wichtiger.

Auch diese Prozesse laufen somit durchaus parallel zu vergleichbaren Entwicklungen im profanen Bereich, die wir durch den Begriff einer allmählich entstehenden *Weltgesellschaft* kennzeichnen. Vor allem die Entstehung und Ausbreitung der modernen Verkehrs- und Kommunikationsmittel hat bereits heute die Distanzen auf unserem Globus in einer Weise schrumpfen lassen, daß grundsätzlich jedes Ereignis an einer beliebigen Stelle unserer Erde von jeder anderen Stelle der Erde mit gleicher Geschwindigkeit wahrgenommen werden kann, wie wenn es sich im eigenen Lande ereignet hätte. Das Problem stellen also nicht mehr die Distanzen, sondern nur noch die damit natürlich erneut vervielfachte Menge möglicher Informationen dar, die immer nur in einer strengen Auswahl verarbeitet werden können. Hier spielen dann meist Aspekte der sozialen Nähe immer noch eine entscheidende Rolle. Aber es führt kein Weg daran vorbei: die Verflechtungen wirtschaftlicher, politischer und nicht zuletzt klimatischer Art – man denke an Tschernobyl – lassen *die Einheit der Welt mehr und mehr zu einer bewußtseinsfähigen Realität* werden, für die wir aber sozialpsychologisch und auch kulturell noch keineswegs vorbereitet sind.

Auf dieser Ebene ergibt sich aus soziologischer Sicht durchaus eine neue Perspektive für die kulturelle Bedeutung der *Weltreligionen.* Diese stehen vor der Herausforderung, sich entweder mit ihren Herkunftsregionen zu identifizieren und damit kulturelle Blockbildungen zu legitimieren – wie sich dies gegenwärtig vor allem an der erneuten Virulenz des schiitischen Islam andeutungsweise beobachten läßt – oder aber die Weltreligionen müssen sich im Hinblick auf eine neue, noch umfassendere Ökumene aufeinander zu bewegen. Hierfür lassen sich Voraussetzungen im Verhältnis zwischen dem Christentum und dem Buddhismus durchaus erkennen, und gemeinsame Initiativen im Hinblick auf den Weltfrieden sind hier ja bereits seit einiger Zeit im Gange. Für die lateinische Kirche, deren organisatorischer Vorsprung in diesem Zusammenhang unübersehbar ist, setzte dies allerdings das Wachsen eines ihr aus ihrer Geschichte ungewohnten ökumenischen Bewußtseins voraus, das nicht nur größere Anerkennung der getrennten christlichen Bekenntnisse, sondern auch größeres Verständnis für alle Religionen der ‚bewohnten Welt' (das ist der ursprüngliche Sinn von ‚Ökumene') bewirkt.

Die skizzierten übergreifenden Entwicklungen mögen zwar die Hoffnung stärken, daß die heute in unseren Ländern erfahrbare Ungleichzeitigkeit des Christentums keine bloße Unzeitgemäßheit oder gar Zukunftslosigkeit bedeutet [32]. Aber sie vermittelt kaum Ansätze für eine Erneuerung der Kirche in den westlichen Wohlstandsgesellschaften. *Zukunftsfähigkeit des Christentums im Westen setzte m. E. eine kritische Selbstbesinnung der Christen nicht nur über ihren Glauben, sondern auch über die gesellschaftlichen Verhältnisse voraus, in denen sie sich als Mitmenschen von Immer-weniger-Glaubenden mit diesen gemeinsam bewegen.* Diese Verhältnisse müssen als solche erkannt und durchschaut werden, in denen es aufgrund ihrer Auswirkungen auf unsere alltägliche Lebenswelt und unsere mitmenschlichen Beziehungen immer schwerer fällt, religiöse Grunderfahrungen zu machen und jene Fähigkeiten zur Sympathie (wörtlich: Mitleiden) und zur Nächsten- und Gottesliebe

[32] Vgl. *J. B. Metz,* Produktive Ungleichzeitigkeit, in: *J. Habermas* (Hrsg.), Stichworte zur geistigen Situation der Zeit, Bd. 2 (Frankfurt a. M. 1979) S. 529–538.

zu entwickeln, die den Kernbestand der christlichen Botschaft ausmachen[33].

Denn es ist ja keineswegs so, daß die diagnostizierten Schwierigkeiten einer Tradierung von Werten und des Aufbaues einer motivierten Persönlichkeit auf den Bereich des Christentums beschränkt wären. Im Gegenteil handelt es sich hier um Sozialisationsschwierigkeiten der nachwachsenden Generation, die gesellschaftsweit sind und keineswegs nur die Christen treffen. Vor allem aus den Vereinigten Staaten, aber zunehmend auch aus Europa mehren sich Forschungsergebnisse, die darauf hinweisen, daß ein immer größerer Anteil der Jugendlichen mit Entwicklungsstörungen und Lernschwierigkeiten zu kämpfen hat, daß sie also immer weniger den Herausforderungen gewachsen erscheinen, die sich aus den gegenwärtigen gesellschaftlichen Verhältnissen für sie ergeben[34]. Und es spricht vieles dafür, daß es sich hier nicht nur um Übergangsschwierigkeiten in einer verlängerten Jugendphase handelt, sondern daß auch der heranwachsende Typus des erwachsenen Menschen mehr und mehr narzißtische und opportunistische Züge aufweist, sich also nicht mehr auf einen an Dauerhaftigkeit von Grundsätzen und Verantwortung gegenüber Dritten orientierten Personkern festlegen läßt[35]. Dem entspricht

[33] Vgl. *E. Schillebeeckx*, Erfahrung und Glaube, sowie *B. Casper*, Alltagserfahrung und Frömmigkeit. Beide in: Christlicher Glaube in moderner Gesellschaft, a.a.O., S. 39–116.

[34] Vgl. bes. *M. Rutter*, Changing Youth in a Changing Society (Cambridge, Mass. 1980); *K. Hurrelmann* u.a., Statusunsicherheit und psycho-somatische Beschwerden, in: Zeitschrift für Sozialisationsforschung und Erziehungssoziologie 7 (1987) S. 44–59.

[35] Vgl. hierzu ausführlicher *F.-X. Kaufmann – W. Kerber – P. M. Zulehner*, Ethos und Religion bei Führungskräften, a.a.O., S. 80ff., 257ff. – Ähnliche Befunde ergeben sich für die Gesamtbevölkerung aus Studien des Instituts für Demoskopie, Allensbach.

auch ein zunehmend indifferentes, wenn nicht gar zynisches Verhältnis zu Recht und Moral. Es vollziehen sich also unter der Oberfläche in unseren Gesellschaften, was die Moral angeht, tiefgreifende Wandlungen, die parallel zu den Schwierigkeiten einer Tradierung des Glaubens sind. Das ist sozusagen die Kernthese, auf die es hier ankommt.

In ethischer Hinsicht scheinen wir unter den Bedingungen von Modernität einen äußerst riskanten Weg einzuschlagen: Eine kollektiv verbindliche Moral läßt sich jenseits der Rechtsordnung kaum mehr stabilisieren, und inwieweit es auf Dauer gelingt, im Rahmen der für unsere Lebensführung so entscheidenden Großorganisationen über die Zuschreibung von Verantwortung auf die Zuverlässigkeit von Personen zu rekurrieren, scheint eine durchaus offene Frage. Nur wenn es gelingt, die Einheit von Freiheit und Selbstverpflichtung, die für das moralische Pathos der Aufklärung charakteristisch ist, so zu institutionalisieren, daß sie auch den nachwachsenden Generationen selbstverständlich wird, kann ein Abgleiten in bloße Permissivität verhindert werden. Vieles spricht jedoch dafür, daß das moralische Programm der Aufklärung bei Abkoppelung von seinen christlichen Ursprüngen auf Dauer nicht tragfähig ist.

Als Christen sind wir somit durchaus aufgerufen, uns der Schwierigkeiten, in die unsere Zivilisation aufgrund ihrer immanenten Entwicklungstendenzen gerät, stärker bewußt zu werden, und wir können uns dies auch um so eher leisten, als unsere Hoffnung als Christen ja nicht von den Entwicklungsdiagnosen der Sozialwissenschaften abhängig ist, weil unsere Hoffnungen nicht an die kleine Zukunft unseres westlichen Gesellschaftstypus gebunden sind. Gerade deshalb sollten wir uns unvoreingenommen auch dessen Schwächen stellen, uns mit der fundamentalen Ungerechtigkeit seines übermäßigen Ressourcenverbrauchs – und zwar nicht nur im Bereich der unbelebten Natur, sondern auch unserer kulturellen und psychischen Kräfte – auseinandersetzen und nach lebbaren, menschlichen Alternativen suchen. Nur wenn es uns aus solch kritischer Einsicht gelingt, als Christen Lebensformen zu entwickeln, *in denen zeichenhaft entscheidende Schwächen moderner Lebensführung diagnostiziert und überwunden werden,* dürfen wir hoffen, für unseren Glauben Glaubwürdigkeit zu gewinnen.

Dies kann theoretisch kaum antizipiert, sondern nur praktisch geleistet werden. Wie wäre es beispielsweise mit der Entwicklung einer christlichen Fernsehaskese? Oder mit einem bewußt christlichen Verzicht auf die Konsumorgie zu Weihnachten? Oder mit der Entwicklung neuer Formen religiöser Gemeinschaft, die in bestimmten Dienstleistungsbereichen neue Modelle menschlicheren Umgangs erproben und entwickeln: beispielsweise ein nicht von der Apparatemedizin dominiertes Krankenhaus, Einrichtungen für menschliches Sterben, reformpädagogische Initiativen oder Einrichtungen zur Integration von Flüchtlingen und Asylanten?

Und wie wäre es innerkirchlich, wenn es uns gelingen könnte, den entfremdenden Anonymisierungstendenzen des kirchlichen Großbetriebs bewußt gegenzusteuern, Diözesengrößen anzustreben, in denen ein Bischof noch persönlich all seine hauptamtlichen Mitarbeiter wenigstens alle Jahre persönlich sehen und sprechen kann? Wie wäre es, wenn wir neue Formen des Zusammenlebens von Priestern oder auch von Priestern und Laien erproben würden, wie dies der ursprünglichen Idee des Oratoriums entsprach? Und wäre es nicht auch eine Aufgabe, mit der gleichen Beharrlichkeit, mit der südamerikanische Bischöfe für die Anerkennung der Theologie der Befreiung gekämpft haben, in Europa für die Anerkennung neuer Formen des geistlichen Amtes zu kämpfen, um der Auszehrung unseres Priesterstandes entgegenzuwirken?

Derartige Vorschläge sind leichter formuliert als realisiert. Aber ist es nicht notwendig, daß wir zunächst einmal überhaupt unser Vorstellungsvermögen über mögliche zukünftige Änderungen durch Phantasie bereichern? Fehlt es uns nicht eben gerade an Vorstellungen, wie eine andere Zukunft aussehen könnte, um zukunftsfähig zu werden? *Zukunftsfähigkeit setzt heute das Durchhalten eines ‚schlechten Gewissens', d. h. das Eingeständnis voraus, daß unsere bisherige Praxis den Anforderungen der Zukunft nicht gerecht werden kann.* Dies erscheint menschlich jedoch nur möglich vor dem Hintergrund einer Hoffnung, die sich ihren Horizont nicht durch die scheinbaren Sachzwänge und gedanklichen Fiktionen des jeweiligen Zeitgeistes einengen läßt. Nur wenn wir als Kirche erkennen, in welchem Maße wir nicht nur in die Stärken, sondern auch in die Schwächen unserer Zeitsituation verstrikt sind, haben wir eine Chance, aus ihnen herauszufinden. Wir sollten nicht wie das Kaninchen vor der Riesenschlange naiv oder fasziniert den Diagnosen der Zeitkritik oder auch der offiziellen Beruhiger – „wir bekommen das schon alles in den Griff" – glauben, sondern eben genau dieses daraus lernen, daß von ihnen nichts zu erwarten ist, was jene tieferen menschlichen Sehnsüchte, Fragen und Bedürfnisse zu befriedigen vermag.

Der Anspruch an eine „Kirche für die Gesellschaft von morgen" besteht also nicht so sehr in der Anpassung oder auch nur Auslegung des Glaubens im Horizont der Moderne, wie das Problem noch bis in jüngste Zeit formuliert worden ist. Es geht vielmehr entsprechend dem zeittranszendierenden Anspruch der christlichen Offenbarung gerade darum, den Denkhorizont der Moderne *zu durchbrechen* und zu verdeutlichen, daß bei aller Anerkennung gesellschaftlicher Fortschrittsmöglichkeiten die Hoffnungen des Menschen doch nie in ihnen Erfüllung finden können[36]. Und es spricht überdies vieles dafür, daß selbst unser innerweltliches Zukunftsvermögen von eben dieser in den Verhältnissen dieser Welt nie aufgehenden Hoffnung abhängig ist.

Wenn das abendländische Christentum zu solcher Hoffnung noch fähig sein sollte, so nicht zuletzt aufgrund seines gegenüber der Moderne längeren Atems. Hierin liegt auch der Wert christlicher Traditionen, ja sogar der Wert einer gegenüber unserem ja auch von Modernismen häufig nicht freien Erneuerungswillen skeptischen und strukturell trägen kirchlichen Hierarchie. Dennoch ist gegenüber rückwärtsgerichteten Tendenzen zu betonen, daß das Christentum zu allen Epochen ungleichzeitig ist, daß wir also keine guten Gründe zur Sehnsucht nach einer ‚guten alten Zeit' haben. Die Erosion der Traditionen sollte uns betroffen machen, und wir müssen nüchtern den damit einhergehenden Bedrohungen der Mitmenschlichkeit uns stellen. Aber Antworten auf die Konstellation der Modernität, die im übrigen weniger intellektueller denn praktischer und symbolischer Art sein müßten, werden sich nicht in vergangenen Modellen finden lassen. Wir haben festgestellt, daß das Christentum in seiner konkreten gesellschaftlichen Verfassung stets an den geschichtlichen Entwicklungen teilhat und daß es sie vor allem in jüng-

[36] Dies hat Eugen *Rosenstock-Huessy* schon Ende des Zweiten Weltkriegs als Problem unserer Epoche klar vorausgesehen. Vgl. Des Christen Zukunft – oder: Wir überholen die Moderne (Neuauflage Moers 1985).

ster Zeit als *Verlust* bringenden Einfluß erfahren hat. Dies sollte uns jedoch nicht die Sicht auf die ebenfalls geschichtlich vermittelte Eigendynamik des Christentums verstellen, das es immer wieder in erstaunlich vielfältiger Weise verstanden hat, geistige und soziale Entwicklungen in *produktiver* Weise theologisch und praktisch aufzufangen. Wenn wir diese Geschichtlichkeit des Christentums ernst nehmen, so dürfen wir hoffen, daß es auch heute für die Frage nach unserer Zukunft Kräfte und Perspektiven birgt.

II

Christentum im Westen: Spannungsfeld der Verweltlichung

1. Über unseren Umgang mit der Zukunft

Im Rahmen dieses Bandes soll es um die Zukunft und nicht um die Vergangenheit des Christentums gehen. Das ist eine für einen Sozialwissenschaftler ungewohnte Perspektive. Er hält sich lieber an das, was ist, und versucht bestenfalls, die Gegenwart aus der Vergangenheit zu erklären. Mit Prognosen haben die Sozialwissenschaften leidvolle Erfahrungen gemacht, sie treffen meistens doch nicht ein. Wenn man sich mit der Zukunft denkend auseinandersetzen will, so ist das eigentlich eher eine prophetische als eine prognostische Aufgabe. Man kommt nicht umhin, sich für eine bestimmte Auffassung der Zukunft zu engagieren, und kann dann versuchen, ihre Möglichkeiten plausibel zu machen.

Der tiefere Grund für die Skepsis gegenüber den Prognosemöglichkeiten der Sozialwissenschaften liegt in der Vielschichtigkeit, Differenziertheit und Wandelbarkeit der sozialen Wirklichkeiten, die wir abkürzend und damit grob vereinfachend als ‚Gesellschaft' bezeichnen. ‚Die Gesellschaft' gibt es nicht, oder genauer gesagt: sie existiert nur in den Köpfen derjenigen, die sie denken, und in diesem Sinne kann die Fiktion der Gesellschaft durchaus historisch wirkmächtig werden, etwa in ähnlichem Sinne wie im 19. Jahrhundert die Vorstellung der ‚Nation' oder im Mittelalter die Vorstellung der ‚Christenheit'. Es ist schon bemerkenswert und bedenkenswert, daß wir der Vorstellung eines letzten einheitlichen Zusammenhangs heute den Namen ‚Gesellschaft' geben. Die Einheitsvorstellung wird also nicht mehr religiös oder metaphysisch gedacht, sondern der Begriff ‚Gesellschaft' verweist auf eine Einheit der *sozialen* Wirklichkeit, in der wir faktisch leben, er suggeriert eine gemeinsame Natur jener vielfältigen und unüberschaubaren Strukturen, Prozesse und Beziehungen, die wir stets nur ausschnitthaft erfahren können und deren Zusammenhang wir genauer auch nur ausschnittsweise in Betracht ziehen und rekonstruieren können. Wissenschaftliches Arbeiten muß sich stets mit Partialanalysen begnügen, es kann ‚das Ganze' nicht wirklich denken, sondern allenfalls postulieren, womit sich aber die Grenze zum ideologischen, weltanschaulichen oder gar religiösen Denken verwischt.

Über die Zukunft kann man somit nur prophetisch sprechen. Wissenschaftlich gesehen, lassen sich allenfalls Teilbereiche gesellschaftlicher Wirklichkeit so erforschen und rekonstruieren, daß die in ihnen wirksamen Entwicklungstendenzen plausible Konturen einer ebenfalls partiellen Zukunft erkennen lassen. Aber die Frage muß immer offenbleiben, ob nicht andere, stärkere Entwicklungstendenzen, die wiederum nur im Rahmen anderer Partialanalysen erkennbar werden, in ihren Folgewirkungen auf den gerade untersuchten Bereich durchschlagen und die Bedingungen des Ausgangsmodells verändern.

Die folgenden Überlegungen bewegen sich im Grenzbereich von sozialwissenschaftlicher Analyse und Prophetie. Seinem Selbstverständnis nach kann das Christentum in den sozialen Ideen, Strukturen und Prozessen, die uns Soziologen zugänglich sind, nie aufgehen, und doch ist es offensichtlich aufs engste mit ihnen verwoben, wie auch hier zu zeigen sein wird. Mehr noch: Das Christentum – zum mindesten in den vorherrschenden Formen des römischen Katholizismus und der reformierten Bekenntnisse – unterscheidet sich in seinem gegenwärtigen Selbstverständnis von allen anderen Religionen gerade dadurch, daß es sich selbst als *geschichtliche* Religion *versteht*. Das war wohl in seinen Anfängen nicht so, als die Lehren Jesu im Sinne einer eschatologischen *Nah*erwartung ausgelegt wurden. Wirkungsgeschichtlich gesehen, bildet jedoch das eschatologische Denken die Voraussetzung der linearen – und nicht, wie in den meisten Kulturen zyklischen – Zeitauffassung, die sich im abendländischen Geschichtsverständnis – in der gleichzeitigen Bedeutung von Vergangenheit, Gegenwart und Zukunft – niedergeschlagen hat. Und wahrscheinlich gehört auch heute die Hoffnung auf die Wiederkunft des Herrn und der Glaube an eine die gesellschaftliche Existenz überdauernde Seele zu den stärksten Quellen christlicher Zukunftsfähigkeit.

Damit sind wir bereits mitten in unserem Thema. Wir können das Christentum im Westen nicht ohne seine Wirkungsgeschichte für Kultur und Gesellschaft jener Weltregion verstehen, in der es sich tatsächlich entfaltet hat. Wir können – im Horizont des Westens – uns denkend mit der Zukunft des Christentums nur auseinandersetzen, wenn wir seine Gegenwart und ihre geschichtliche Gewordenheit im Zusammenhang mit den allgemeinen Entwicklungstendenzen dieses Kulturraums betrachten.

2. *Christentum und moderne Gesellschaft: Denkmodelle*

Aber damit stoßen wir gleichzeitig an die *Grenzen* sozialwissenschaftlicher Analyse. Denn auch die allgemeinen Entwicklungstendenzen eines Kulturraums sind ja nichts Gegebenes, sondern eine bestimmte Form der Selbstdeutung, die sich im Westen unter maßgeblicher Mitwirkung von Sozialwissenschaftlern heute entwikkelt. Und solche Deutungen sind selbst keineswegs voraussetzungslos, sie gehen stets von einer vorgängigen Auffassung des Gegenstandes aus.

Dies sei durch eine kurze Skizze von fünf verschiedenen *totalisierenden* Denkmodellen verdeutlicht, die gegenwärtig über das Verhältnis von Christentum und moderner Gesellschaft im Umlauf sind. Ich bezeichne sie abkürzend mit fünf Metaphern, unter denen sie auch häufig zur Sprache kommen: 1. Abendland, 2. Säkularisierung, 3. Legitimität der Neuzeit, 4. Verwirklichung des Christentums und 5. Zivilreligion.

1. Die Metapher vom *Abendland* wird gerade in jüngster Zeit in katholischen und in konservativen Kreisen zunehmend gebraucht, um die Kontinuität zwischen christlicher Tradition und Moderne zu betonen. Ihr zufolge ist die Moderne eine Frucht der christlich-abendländischen Kultur. Wer heute vom Abendland spricht, will allerdings nicht nur die abendländischen Ursprünge der Moderne betonen, sondern er postuliert gleichzeitig, daß diese abendländische Kultur auch heute noch das gültige Wertsystem westlicher Gesellschaften bilde. Dieser Position zufolge hat sich im Prozeß der Modernisierung nichts Wesentliches gewandelt, es geht vielmehr darum, die inhaltlichen feststehenden ,christlichen

Wahrheiten' auch im Kontext der Moderne zur Geltung zu bringen.

2. Die mit der Metapher der *Säkularisierung* zu kennzeichnende Position geht ebenso wie die vorangehende von der Vorstellung aus, daß die Moderne aus einer spezifisch durch das abendländische Christentum konstituierten Konstellation hervorgegangen ist, sie behauptet jedoch gleichzeitig einen Kontinuitätsbruch zu dieser Tradition, so daß dem Christentum für die entfaltete Moderne keine konstitutive Bedeutung mehr zugeschrieben wird. Die Begründungen sind im einzelnen vielfältig, konvergieren jedoch zur Diagnose zunehmender Bedeutungslosigkeit christlicher Sinngehalte für Kultur und Lebensführung in der Gegenwart. Interessanterweise erfreut sich diese Metapher gerade unter Theologen besonderer Beliebtheit, wobei ihr ursprünglich auf den Protestantismus beschränkter Gebrauch mittlerweile auch die Katholiken erreicht hat. Säkularisierung wird dabei bald kritisch im Sinne eines Abfalls von den Verbindlichkeiten des Christentums, bald konstruktiv als Reinigung des Christentums von seinen allzu weltlichen Bezügen gesehen.

3. Noch einen Schritt weiter geht die hier mit der von Hans Blumenberg entlehnten Metapher *,Legitimität der Neuzeit'* bezeichnete Position [1]. Sie stellt auch die genetische Bedeutung des Christentums für die Moderne in Frage. Ihr zufolge mußten die Errungenschaften der Moderne im wesentlichen gegen den *Widerstand* des Christentums und seinen ,theologischen Absolutismus' erkämpft werden. Diese Position geht auf die französische Aufklärungstradition zurück, die ihrerseits im Horizont der Konfessionskriege und der französischen Verbin-

[1] Vgl. *H. Blumenberg,* Die Legitimität der Neuzeit (Frankfurt a. M. 1966).

dung von Thron und Altar entstanden ist. Dieser heute auch von vielen sogenannten Humanisten vertretenen Position zufolge schuldet die Moderne dem Christentum nichts, nicht einmal seine Herkunft. Es ist für sie im strengen Sinne irrelevant.

4. Im Sinne einer vierten Metapher lassen sich die Veränderungsprozesse des Christentums im Zuge der gesellschaftlichen Modernisierung als ‚*Verkirchlichung*' interpretieren. Ausgangspunkt dieser Position ist die Beobachtung, daß im Gegensatz zu den vorherrschenden Erwartungen der Aufklärung das Christentum nicht in einem allgemeinen Humanismus aufgegangen oder durch ihn abgelöst worden ist, sondern sich im Gegenteil in Formen besonderer Religionsgemeinschaften oder Kirchen organisatorisch gefestigt und selbst ‚modernisiert' hat. Im Zuge der Modernisierung kommt es dieser Auffassung zufolge nicht zu einem totalen Bedeutungsverlust des Christentums, aber zu seiner Ausgrenzung in einen spezifisch an die religiösen Einrichtungen gebundenen thematischen Bereich. ‚Religion' wird ihr zufolge als spezifische Sinnprovinz neben anderen Sinnprovinzen – etwa Staat, Wirtschaft, Wissenschaft, Kunst – gesellschaftlich anerkannt, doch wird ihr ein *übergreifender* Anspruch *nicht* mehr zugestanden. Diese Position wird vor allem in der neueren deutschen Religionssoziologie vertreten.

5. Eine letzte Position, die sich mit der Metapher der ‚Zivilreligion' verbindet, geht ebenfalls davon aus, daß das Christentum im Prozeß der Modernisierung seine Funktion zwar geändert, aber nicht verloren habe. Seine Bedeutung wird hier jedoch weniger in dem gesehen, was die Kirchen repräsentieren, als in der spezifischen Prägung der allgemeinen moralischen Anschauungen, die sich in modernen Gesellschaften als eine Art kollektiver

Grundkonsens durchgesetzt haben. Vor allem in den Vereinigten Staaten wird die Auffassung vertreten, daß die dortige Gesellschaft durch ein kollektives Wertsystem integriert werde, das eine Art Synthese von christlichem, jüdischem und aufklärerisch-humanistischem Gedankengut darstelle. Indem sich die verschiedenen religiösen Denominationen in den Vereinigten Staaten wechselseitig tolerieren und für ihre von diesen gemeinsamen Wertauffassungen abweichenden Positionen keinen *exklusiven* Wahrheitsanspruch erheben, tragen sie selbst zur Stabilisierung dieser Zivilreligion bei.

Bereits diese kurze Skizze zeigt, wie unterschiedlich das Verhältnis von Christentum und Moderne aufgefaßt werden kann. Und die Vertreter all dieser Deutungen können plausible Argumente für die Richtigkeit ihrer Position vorbringen. Genauer besehen handelt es sich hier nicht um im strengen Sinne wissenschaftliche, sondern um *ideenpolitische Positionen*[2], die die Kultur- und Sozialgeschichte des Abendlandes *selektiv* auswerten. Ein völlig objektiver Standpunkt ist hier aber überhaupt nicht zu erreichen, sondern bestenfalls eine Korrektur spezifischer Einseitigkeiten durch sozialwissenschaftliche und historische Kritik. *Jede* dieser Positionen verdient für *einige* Aspekte der neuzeitlichen Religionsentwicklung Beachtung.

Die Voreingenommenheit, die in jeder der genannten Positionen steckt, wird noch deutlicher, wenn wir nach ihren *gemeinsamen* Bezugspunkten fragen. Nicht die Gegenwart oder Zukunft des Christentums, sondern diejenige der modernen Gesellschaft steht in allen fünfen zur Debatte, der Horizont der Fragestellungen wird

[2] So zuerst *H. Lübbe,* Säkularisierung. Geschichte eines ideenpolitischen Begriffs (Freiburg – München [2]1975.).

durch den Begriff der Gesellschaft und nicht denjenigen des Christentums bestimmt. Das ist selbst ein Symptom dafür, daß das Christentum seinen *zentralen* Rang im Konzept kollektiver Selbstdeutungen eingebüßt hat. ‚Gesellschaft' ist somit der Name der vorausgesetzten Ganzheit und tritt damit an die Stelle, die traditionellerweise der Religion zugesprochen wird. ‚Gesellschaft' ist also kein wissenschaftlicher, sondern ein quasi religiöser Begriff, ein ‚God-term', einer jener perspektivenbildenden Letztbegriffe, die eine bestimmte Sichtweise begründen, ohne durch sie selbst voll einholbar zu sein. Man kann ihre Gültigkeit eigentlich nur voraussetzen, d. h. an sie glauben, und schauen, wohin das führt. Die Soziologen, die den Gesellschaftsbegriff in ihren Diskursen voraussetzen, werden somit selbst zu Propheten einer ausschließlich weltimmanenten Deutung menschlichen Zusammenlebens, eine Position, deren sich gerade die christliche Theologie kritisch annehmen sollte.

3. Verweltlichung und Welt-Religion

Wie problematisch der heute vorausgesetzte Begriff der modernen Gesellschaft ist, wird noch deutlicher, wenn wir nach den *Konnotationen* fragen, die das Ganze, welches wir mit ‚Gesellschaft' bezeichnen, in unserem Bewußtsein besitzt. Wir sprechen davon bald als industrieller, bald als kapitalistischer, bald als säkularisierter, bald als moderner und schließlich auch als westlicher Gesellschaft. Wir stellen uns also das Ganze, in dem wir leben, nicht schon als Weltgesellschaft vor, obwohl wir doch wissen könnten, daß unser Planet nicht nur in räumlicher, sondern mehr und mehr auch in sozialer Hinsicht die einzige eindeutige Begrenzung darstellt.

Durch die Entwicklung von Verkehrs- und Kommunikationswesen, durch die Verflechtung der Luft-, Reise- und Handelsströme und die Entstehung weltweiter Foren politischer Diskussion haben bereits heute die sozialen Wechselwirkungen zwischen den Staaten, Kulturräumen und Klimazonen Intensitätsgrade erreicht, die uns von wechselseitigen Abhängigkeiten auf Weltebene sprechen lassen. Es spricht vieles dafür, daß diese *weltweite Interdependenz* weiter zunehmen wird.

Aber diese Weltperspektive erscheint *auch aus der Perspektive des Christentums* sinnvoll. Rund neunzehn Jahrhunderte bevor die weltumspannenden Verkehrs- und Kommunikationsmittel uns ermöglichten, den Zusammenhang der Welt real zu erfahren, trug der Stifter dieser Religion seinen Jüngern auf, „bis an die Grenzen der Erde" von ihm Zeugnis zu geben (Apg 1.8) und „alle Völker" zu seinen Jüngern zu machen (Matth. 28.19). Die sich daraufhin allmählich bildende überregionale Religionsgemeinschaft bezeichnete sich selbst als ‚allumfassend' – katholisch –, und dieser Anspruch wurde von den christlichen Teilkirchen auch dann aufrechterhalten, als ihre Spaltung den Anspruch aus inneren Gründen irreal werden ließ. Das Christentum ist seinem Anspruch nach *universalistisch* – Weltreligion. Und es spricht vieles dafür, daß genau dieser universalistische Anspruch des Christentums eine zentrale *kulturelle* Voraussetzung für die erfolgreichen Expansionstendenzen des Abendlandes gewesen ist. Wenngleich sich einzelne Christengemeinschaften auch außerhalb des Abendlandes durch die Jahrhunderte als kulturelle Minderheiten erhalten konnten, so muß doch die mit dem Welthandel und der Kolonisierung einhergehende *Mission* des abendländischen Christentums in seinen verschiedenen Denominationen als diejenige Bewegung hervorgehoben werden, durch die das Christentum seinem Anspruch, Weltreligion zu werden, historisch am nächsten gekommen ist. Bereits ein flüchtiger Blick auf die Veränderungen des Kardinalskollegiums der katholischen Kirche oder auf die Entwicklung des Weltrats der Kirchen in Genf macht auch deutlich, daß das Christentum heute tatsächlich *auf Weltebene operiert* und nicht nur in aller Welt mehr oder weniger verbreitet ist.

Die gegenwärtige Situation des Christentums, welche wir als Voraussetzung seiner möglichen Zukunft zu bedenken haben, ist also durch eine bedenkenswerte *Ambivalenz* zu jener westlichen Welt zu kennzeichnen, mit der es selbst groß geworden ist. Diese Ambivalenz hat mehrere Aspekte, die im vorangehenden bereits beiläufig angeklungen sind.

Zunächst ist – im Gegensatz zu der mit der Metapher ‚Legitimität der Neuzeit' angesprochenen Position – die Bedeutung des Christentums für die Entstehung der zeitgenössischen Formen menschlichen Zusammenlebens hervorzuheben. Hierfür lassen sich nicht nur die berühmten religionssoziologischen Studien von Max Weber und Ernst Troeltsch anführen. In neuerer Zeit haben vor allem Talcott Parsons, Benjamin Nelson und Harold Berman die von ersteren eröffnete Perspektive historisch vertieft und dabei auch deren einseitige Fixierung auf den Protestantismus durch Hinweise auf die entscheidende Bedeutung von der Reformation vorausliegenden geistigen Durchbrüchen und auch auf den Beitrag des nachreformatorischen Katholizismus ergänzt[3].

[3] Vgl. insb. *T. Parsons,* Art. Christianity, in: International Encyclopaedia of the Social Sciences 2 (1968) S. 425–447; *B. Nelson,* Der Ursprung der Moderne. Vergleichende Studien zum Zivilisationsprozeß (Frankfurt/M. 1977); *H. J. Berman,* Law and Revolution. The Formation of the Western

Die für die modernen Formen der wissenschaftlichen, technischen und politischen Weltzuwendung konstitutive, positive Bewertung *und* Entmythologisierung – Max Weber sprach von Entzauberung – der erfahrbaren Welt hat ihre religiösen Voraussetzungen in der Entwicklung des transzendenten Monotheismus sowie im Dogma der gleichzeitigen Göttlichkeit und Menschlichkeit Jesu Christi. Als einzige der großen Weltreligionen bewertet daher das Christentum – insbesondere in seinen abendländischen Versionen – die empirische Welt grundsätzlich positiv, bei gleichzeitiger Betonung ihrer Geschöpflichkeit und damit auch einer sie umgreifenden „größeren Wirklichkeit". Die Lehre von den zwei Naturen Jesu steht am Ursprung der Stabilisierung einer ersten Spannung, die für die abendländische Entwicklung wegweisend werden sollte, nämlich die *Spannung zwischen Transzendenz und Immanenz,* als deren institutioneller Ausdruck im Mittelalter nach jahrhundertelangen Kämpfen zwei grundsätzlich als voneinander unabhängig gedachte Ordnungen sich in die Leitung der ‚Christenheit' teilten. Dieser Dualismus, dieses prekäre Gleichgewicht zwischen geistlicher und weltlicher Gewalt als Ergebnis des Investiturstreits war eine historische Innovation, die sich in keiner anderen Kultur findet und deren Bedeutung für die Stabilisierungsfähigkeit der strukturellen Differenzierungsprozesse im Zuge der Entstehung der modernen Gesellschaft heute als gesichert gelten kann. Das Verhältnis von Papst und Kaiser wurde ergänzt durch dasjenige von geistlichem und weltlichem Stand, die doch beide als legitimer Ausdruck von Christlichkeit galten; das Geistliche und das Weltliche bildeten

Legal Tradition (Cambridge Mass./London 1983). – Ich kann an dieser Stelle nur einige wenige Gesichtspunkte hervorheben, in die auch Ergebnisse eigener Überlegungen einfließen.

im Mittelalter *zusammen* das Christliche, nicht das Geistliche allein. Hier wurde also in Form einer bestimmten Sozialordnung die relative Autonomie des weltlichen Bereichs bereits institutionalisiert, lange bevor jener heute oft als Säkularisierung bezeichnete Prozeß in den Vordergrund trat, in dem sich zunächst die Wirtschaft, dann die Kultur und zuletzt der Staat und die Familie immer stärker von den normativen Ansprüchen der geistlichen Gewalt emanzipierten [4].

Eine weitere zentrale Linie führt vom Schöpfungs- und Erlösungsglauben des Christentums zu Grundgedanken der modernen Sozialordnung. In der Verbindung von Schöpfungs- und Erlösungsglaube fand das Christentum als einzige Weltreligion einen Weg, um *gleichzeitig* die Bedeutung des Individuums und der sozialen Ordnung religiös zu verankern und das für die abendländische Kultur bis heute charakteristische *Spannungsfeld von Individuum und Gesellschaft* zu stabilisieren. Von besonderer Bedeutung wurde hier die Augustinische Lehre von der Civitas Dei, deren Auslegungen trotz ihrer Vielfalt zu immer neuen Begründungsversuchen sozialer Ordnung führten. Entscheidend wurde in diesem Zusammenhang weiterhin die Rezeption und *Synthese des Individualismus des römischen Rechtsdenkens und des Universalismus der griechischen Philosophie* in der Früh- und Hochscholastik des 12. und 13. Jahrhunderts, wobei diese Synthese durch Grundgedanken des Christentums – etwa demjenigen des Kreuzestodes Christi für jeden und alle Menschen, nicht nur für die Angehörigen einer bestimmten Nation oder eines Standes – legitimiert wurde.

---

[4] Vgl. hierzu nunmehr die umfassende Studie von *H. Lübbe,* Religion nach der Aufklärung (Graz 1986) Kap. 2.

Die Stabilisierung dieser dreifachen Spannung – von Weltimmanenz und göttlicher Transzendenz, von Person und Gesellschaft sowie von Individualismus und Universalismus – bildet die *kulturelle* Voraussetzung der weltgeschichtlich völlig neuartigen Rationalisierungs-, Differenzierungs- und Individualisierungsprozesse, die wir heute als das Charakteristikum dessen ansehen, was wir mit dem zusammenfassenden Begriff der Modernisierung kennzeichnen.

In den geschichtlichen Ereignissen, durch die hindurch sich diese Entwicklungslinien nachzeichnen lassen, standen jedoch die *kirchlichen* Machthaber keineswegs immer auf seiten der *vernünftigen* Konsequenzen des christlichen Dogmas. Auch wenn die bahnbrechende Rolle der mittelalterlichen Theologie für die Entstehung der modernen Rationalität anzuerkennen ist, so lassen uns doch historische Reminiszenzen – etwa die Erinnerung an die spanische Inquisition, an die religiös begründeten Bürgerkriege in England und Frankreich, an die landesherrliche Fachaufsicht über die lutherischen Theologen oder an die verbreiteten Formen christlich verbrämten und kirchlich genutzten Aberglaubens in der Volksfrömmigkeit – das *antiklerikale Pathos der aufklärerischen Wahrheitssuche* – den Kampf gegen den Obskurantismus – verständlich werden. Die mit Elementen des hellenistischen Kontexts amalgamierte christliche Substanz der abendländischen Kultur mußte sich also immer gegen den Widerstand der geistlichen Gewalt als Herrschaftsform durchsetzen[5], und das dialektische Verhältnis zwischen kirchlich-geistlicher Macht und

[5] Daraus folgt die Plausibilität der mit der Metapher ‚Legitimität der Neuzeit' bezeichneten Position.

christlicher Botschaft scheint mir auch bis heute wirksam zu sein.

Die behauptete *Ambivalenz* des Christentums gegenüber der geschichtlichen Entwicklung des Westens hat ihren tiefsten Grund darin, daß die heute beklagte Emanzipation aller nicht explizit religiösen Bereiche des sozialen Lebens von den Ansprüchen christlicher Sinndeutung in der Konsequenz einer Entwicklung zu liegen scheint, die ihrerseits aus einer vom christlichen Glaubensverständnis geprägten Konstellation entstanden ist. Die Verweltlichung der Welt, von deren Radikalisierung wir derzeit betroffen sind, liegt in der Konsequenz der maßgeblich vom Christentum geprägten abendländischen Entwicklung. Sofern man nicht – wie dies das Konzept der Zivilreligion suggeriert – die gegenwärtige US-amerikanische Suprematie als die Vollendung des christlichen Abendlandes ansieht, wird man sich angesichts der immer deutlicher werdenden Aporien der Moderne fragen müssen, ob – oder warum nicht – diese problematischen Entwicklungen nicht auch dem christlichen Ursprung zuzurechnen sind.

Eine zweite Sicht der Ambivalenz ergibt sich aus einer stärker prospektiven Perspektive: Wenn es richtig ist, daß starke Entwicklungstendenzen heute auf eine immer dichtere Verflechtung der Staaten, Wirtschaftssysteme und Weltregionen hinwirken, wenn also die Idee der einen Welt immer stärker soziale Wirklichkeit wird, so erscheint es aus der Sicht eines christlich motivierten Universalismus als *Anachronismus,* wenn sich das Christentum noch mit dem Schicksal der westlichen Welt identifiziert. Wie kein anderes religiöses Sinn-System ist das Christentum seinem eigenen Anspruch nach *Welt-Religion* und wie kein anderes hat es die auf die Ordnung der gesellschaftlichen Verhältnisse gerichtete Idee der

Gerechtigkeit sich zu eigen gemacht. Ich kann nicht erkennen, wie das Christentum sich seinem eigenen Anspruch noch gewachsen zeigen kann, wenn es sich zur Legitimation gesellschaftlicher Integration auf der Ebene nationaler oder regionaler Sozialsysteme gebrauchen läßt. Und ich habe den Eindruck, daß die Chancen seiner gegenwärtigen Glaubwürdigkeit in entscheidendem Maße gerade davon abhängen, ob es ihm gelingt, zu den normativen und motivationalen Grundlagen einer entstehenden *Welt*ordnung beizutragen. Ich zögere nicht, die Auseinandersetzungen um die sogenannte Theologie der Befreiung, aber auch die vielfältigen Reiseaktivitäten des gegenwärtigen Papstes und seine Kontakte zu nichtchristlichen Religionsführern als bemerkenswerte Symptome dafür anzusehen, daß diese Herausforderung von der Spitze der katholischen Kirche erkannt worden ist. Ebenso scheint mir das Engagement der Christen in der Ersten Welt für die Menschen der Dritten Welt und die Kritik an Strukturen politischer und weltwirtschaftlicher Verflechtung, die zu einer Vergrößerung der Kluft zwischen armen und reichen Staaten führt, ebenso wie das christliche Engagement für Abrüstung und eine internationale Friedensordnung für die These zu sprechen, daß das Christentum ein wesentliches Ferment der Entstehung eines normativen Weltbewußtseins sein kann und gerade in dieser Funktion auch eine über den Kreis der Christen selbst hinausgehende Glaubwürdigkeit gewinnt.

4. Die Unbestimmtheit des aktuellen Interesses an Religion

Diese Glaubwürdigkeit hängt allerdings nur teilweise von den in solchen Zusammenhängen wirksam werdenden Ideen ab. Ein Hauptgrund dürfte vielmehr darin liegen, daß in diesem Zusammenhang vom Christentum normative Integrationsleistungen erwartet werden, wie sie die Religionssoziologie seit Emile Durkheim als spezifische *gesellschaftliche* Funktion von Religion postuliert.

Wenn das Christentum heute auch für Nichtchristen eine gewisse Attraktivität erhält, so hat dies wahrscheinlich gerade mit dieser Erwartung einer sozialintegrativen, moralischen Funktion des Christentums zu tun[6].

Es erscheint allerdings fragwürdig, inwieweit das Christentum diese Funktion heute noch erfüllen kann. Dabei muß m.E. zwischen der Ebene der Nationalgesellschaft und derjenigen einer entstehenden Weltgesellschaft unterschieden werden. Aus soziologischer Perspektive hat es den Anschein, als ob in dem Maße, als moderne Gesellschaften sich auf der Basis institutionalisierter Freiheitsrechte und der Interdependenz institutionell ausdifferenzierter und organisatorisch verfestigter Funk-

[6] Der Klarheit halber sei noch einmal betont, daß es sich hier um eine sozialwissenschaftliche, keine theologische Analyse handelt. Für den christlich Glaubenden können solche Gesichtspunkte nur von sekundärer Bedeutung sein. Die moralische Qualität ist eine Konsequenz des christlichen Glaubens, nicht sein zentraler Inhalt. – Zur philosophischen Kritik einer Übernahme der funktionalen Perspektive ins Glaubensbewußtsein vgl. *R. Spaemann* Funktionale Religionsbegründung und Religion, in: *P. Koslowski* (Hrsg.) Die religiöse Dimension der Gesellschaft (Tübingen 1985), S. 9–25. Der Absolutheitsbezug religiösen Glaubens steht jedoch einer Reflexion seiner lebenspraktischen Bedeutung nicht grundsätzlich im Wege. Vgl. hierzu *H. Lübbe,* Religion nach der Aufklärung (a.a.O.) S. 240ff.

tionsbereiche in einem spannungsreichen – kybernetisch gesprochen ‚ultrastabilen' – Gleichgewicht zu halten gelernt haben, die Funktionen einer normativen, durch gemeinsam geteilte Ideen charakterisierten Kultur immer überflüssiger werden. Das Christentum fungiert hier nur noch als ein kulturelles Sinnangebot unter anderen, es wird zum partikulären Moment einer pluralistischen Kultur, deren Elemente sozusagen nach Bedarf zur Legitimation oder Kritik von Einzelaspekten der sozialen Wirklichkeit punktuell herangezogen werden können. Zwar kann man mit einem gewissen Recht sagen, daß die Freiheitsrechte moderner Verfassungen und die Grundgedanken der Sozial- oder Wohlfahrtsstaatlichkeit als eine Art Sediment christlicher Tradition aufzufassen sind, aber diese Errungenschaften sind im Bewußtsein der Zeitgenossen nicht mehr christlich zurechenbar. Das Christentum wird immer stärker nur noch mit dem identifiziert, was den christlichen Kirchen institutionell nahesteht. Diese Diagnose entspricht der Position, die oben mit der Metapher ‚Verkirchlichung des Christentums' angedeutet wurde.

Anders dagegen erscheint die Lage im Hinblick auf die entstehende Weltgesellschaft: Auch wenn sich die Vereinten Nationen bereits 1948 mit der allgemeinen Erklärung der Menschen- und Bürgerrechte ein normatives Fundament für die anzustrebende Weltordnung gegeben haben, so ist doch die Wirksamkeit dieses Dokuments bisher sehr gering geblieben. Und es fehlt auf Weltebene auch noch vollständig an der Europäischen Menschenrechtskommission vergleichbaren Institutionen, welche diese normativen Fundamente durchzusetzen bestrebt sind. Verschiedene Initiativen aus jüngster Zeit zeigen jedoch, daß die – christlichen und nicht-christlichen – Weltreligionen zunehmend miteinander in Kontakt treten und zum mindesten in der Friedensfrage eine gemeinsame Position anstreben.

Aus soziologischer Perspektive gibt es gute Gründe für die Annahme, daß die zunehmende ökonomische Interdependenz allein nicht zu einer stabilen Weltordnung führen kann. So richten sich hier Erwartungen an die Weltreligionen, von denen im Augenblick allerdings noch offen ist, inwieweit sie sich realisieren werden. Immerhin erscheint hier eine Möglichkeit, daß dem Gewichtsverlust des Christentums innerhalb der modernen Gesellschaften ein Gewichtsgewinn im Verhältnis von hochentwickelten und weniger entwickelten Gesellschaften gegenübersteht.

An dieser Stelle unserer Überlegungen ist auch ein Seitenblick auf die Metapher „nachchristliche Zeit" am Platz. Sie steht offensichtlich im Horizont jener Position, die wir einleitend mit dem Begriff der Säkularisierung kennzeichneten. Wie die heute ebenfalls gängigen Metaphern einer postindustriellen oder postmodernen Gesellschaft verweist sie auf einen früheren Zustand, der offenbar vergangen sein soll, ohne doch genaueres über *den* Zustand zu sagen, den sie eigentlich bezeichnet. Das herrschende Bewußtsein ist anscheinend dasjenige eines Übergangs, dessen Richtung unbestimmt bleibt. Was sich abrupt geändert hat, sind wohl weniger die Verhältnisse als das herrschende Bewußtsein. Die Risiken und Aporien der Moderne, bislang unter dem Signum des Fortschritts unschamhaft verschwiegen, sind plötzlich – wieder, das muß mit Blick auf die Mitte des 19. und die 20er Jahre dieses Jahrhunderts gesagt werden – in den Vordergrund des öffentlichen Bewußtseins getreten.

Das in diesem Zusammenhang wieder auflebende *Interesse an Religion,* das sich gleichermaßen in Europa wie in den Vereinigten Staaten zeigt, geht jedoch von einem religionswissenschaftlichen Religionsbegriff aus, wie er am Ende des 19. Jahrhunderts aus kulturvergleichender Sicht gebildet wurde[7]. In dieser kulturvergleichenden Perspektive, die an einem *allgemeinen*, das als religiös qualifizierte Moment in *allen* Kulturen erfassenden Religionsbegriff interessiert war, gerieten die *spezifischen* Eigenarten der jüdisch-christlichen Tradition in den Hintergrund. Dieser Religionsbegriff, der etwa in Rudolph Ottos Studie über ‚Das Heilige' oder in den Arbeiten Mircea Eliades prominenten Ausdruck findet, hat in der neueren Diskussion daher auch eine umfassende Kritik erfahren, die aber nicht etwa zu einem neuen, klareren Verständnis von Religion geführt hat. Vielmehr scheint durch die fortgesetzte Diskussion des Religionsbegriffs das, was heute mit dem Wort ‚Religion' bezeichnet wird, immer *unbestimmter* zu werden. Dies ist m. E. auf zentrale Eigenschaften der Moderne, nämlich ihre immanente Dynamik und die *normative Legitimation des damit verbundenen Wandels* (als Fortschritt, Neuheit, Innovation, Anpassung oder Evolution), zurückzuführen. Alle Religionen außerhalb der jüdisch-christlichen Tradition versuchen, ein statisches Weltbild zu begründen, das gleichzeitig den Fortbestand einer bestimmten Kollektivität gewährleisten soll, in die das Schicksal des Einzelnen voll eingeordnet wird. Eine Ausnahme macht hier der Buddhismus, der in seinen wichtigsten Ausprägungen allerdings eine weltflüchtige Askese fördert, der also keine Lehre der Ordnung weltlicher Verhältnisse entwickelt hat. Der Ruf nach einer „Gegenwärtigkeit des Mythos" oder nach einem „Return of the Sacred", also nach einem Wiederaufleben des Sin-

[7] Vgl. zum folgenden ausführlicher: *F.-X. Kaufmann*, Religion und Modernität, in: J. Berger (Hrsg.), Kontinuitätsbruch der Moderne? Soziale Welt, Sonderband 4 (Göttingen 1986) S. 283–307.

nes für das Heilige als dem Grenzensetzenden[8], rekurriert auf einen *archaischen* Religionsbegriff, dem gerade jene spezifische Spannung zwischen Individualismus und Universalismus fehlt, die mit dem christlichen Religionsverständnis in die Welt getreten ist. Das Bemühen um eine Wiedergewinnung der religiösen Dimension innerhalb moderner Gesellschaften wird sich diesem Widerspruch zu stellen haben.

5. Wieweit trägt das Programm der Moderne?

Wenn wir die Zukunft des Christentum im Horizont des Westens bedenken, so scheint die eigentlich interessante Frage zu sein, *inwieweit das Programm einer von den Ideen der Aufklärung geprägten Moderne trägt, wenn sich dieses von seiner christlichen Herkunft löst.* Inwiefern dies tatsächlich der Fall ist, sei hier offengelassen, die Verhältnisse scheinen hier auch von Land zu Land recht verschieden, und auf jeden Fall läßt sich – zumal aus der Perspektive von Ländern außerhalb des westlichen Kulturkreises – immer noch ein durchaus erkennbares Maß an christlicher Prägung und christlicher Präsenz in den westlichen Gesellschaften identifizieren[9]. Allerdings spricht vieles dafür, daß zum mindesten in der Bundesrepublik Deutschland der Einfluß der christlichen Kirchen, der in der Nachkriegszeit besonders stark gewesen ist, derzeit rückläufig ist.

Dies gilt insbesondere auf der Ebene der Individuen,

[8] Vgl. *L. Kolakowski,* Die Gegenwärtigkeit des Mythos (München [2]1974); *D. Bell,* The Return of the Sacred: The Argument about the Future of Religion, in: Zygon, Vol. 13 (1978) S. 187–208.

[9] *H. Lübbe* bezeichnet diese als ‚Kulturreligion'. Vgl. Religion nach der Aufklärung (a. a. O.) S. 281 ff.

wo empirische Umfragen erkennen lassen, daß bei den derzeit unter 40jährigen ein scharfer Traditionsabbruch und ein deutlicher Rückgang nicht nur an kirchlichen, sondern auch an religiösen Bindungen in einem allgemeineren Sinne zu beobachten ist. An deren Stelle scheint allerdings nicht ein aufklärerisches, universalistisches Ethos zu treten, wie es etwa dem kantischen kategorischen Imperativ entspricht. In einer Studie über das ethische und religiöse Bewußtsein von Führungskräften haben wir vielmehr kürzlich festgestellt, daß sich in diesen jüngeren Altersgruppen eine bei den Älteren kaum vorhandene neue Einstellung zu verfestigen scheint, die wir mit dem Namen ‚Opportunismus' belegt haben[10]. Es handelt sich hier um ein Einstellungssyndrom, das Verantwortlichkeit nur noch gegenüber „sich selbst" (herkömmlicherweise meint Verantwortung stets Verantwortung gegenüber Dritten!) zu übernehmen bereit ist, das im Hinblick auf die Frage nach Gut und Böse keine allgemein gültigen Maßstäbe gelten läßt, sondern dies als „reine Gefühlssache" ansieht, welches mit einer hedonistischen und ausschließlich utilitaristischen Orientierung einhergeht und gleichzeitig kalkulierte Rechtsbrüche als ethisch unproblematisch ansieht. Falls diese auch in anderen Einstellungsuntersuchungen sich andeutende Entwicklungstendenz sich bestätigen und an Kraft gewinnen sollte (und dies scheint aus gesellschafts- wie aus sozialisationstheoretischer Perspektive durchaus plausibel), so ist zu fragen, inwieweit solche Einstellungsveränderungen die moralischen Stabilitätsgrundlagen des modernen Gesellschaftszusammenhangs unterminieren. Denn vieles spricht dafür, daß die Entwicklung

---

[10] Vgl. *F.-X. Kaufmann W. Kerber, P. M. Zulehner,* Ethos und Religion bei Führungskräften (München 1986).

der Moderne von Traditionsbeständen – etwa dem bürgerlichen Pflichtethos und christlich legitimierter ‚Gewissen'haftigkeit und Aufrichtigkeit – profitiert hat, die sie in ihrem Fortgang langsam zerstört, ohne doch funktionale Äquivalente an ihre Stelle setzen zu können[11].

Dies kann hier nicht im einzelnen ausgeführt werden, doch möchte ich das Argument auf den hier interessierenden religionstheoretischen Punkt bringen: Welche Folgen hat der Verlust eines welttranszendierenden Glaubens im Rahmen der modernen Kultur? Daß die Spannung zwischen Transzendenz und Immanenz zu den entscheidenden Elementen der abendländischen Kultur gehörte, wurde oben deutlich gemacht. Die Idee eines transzendenten Gottes scheint jedoch mehr und mehr zu verblassen – wie es die heute selbst unter Theologen geläufige Rede von ‚Religion' andeutet[12]. *An die Stelle der religiösen scheint mehr und mehr eine innerweltliche Transzendenzerfahrung zu treten:* Ebenso wie die Menschen früherer Zeiten erfährt sich der moderne Mensch als von Mächten abhängig, die er nicht kontrollieren kann. Aber im Zuge der sozialwissenschaftlichen Aufklärung und ihrer ideologischen Surrogate lernt er mehr und mehr, diese Mächte innerweltlich zu lokalisieren – z.B. als Weltjudentum, Kapital, Kommunismus oder industriell-militärischer Komplex. Und selbst wenn wir über solche Vereinfachungen bewußtseinsmäßig

[11] Vgl. zuerst *J. A. Schumpeter,* Kapitalismus, Sozialismus und Demokratie (1942) (München ⁴1975) S. 213ff; sowie: D. Riesman u.a., Die einsame Masse (Hamburg 1958); *H. Klages,* Die unruhige Gesellschaft (München 1975); *J. Habermas,* Theorie des kommunikativen Handelns (Frankfurt a.M. 1981) Bd. 2, S. 504ff.; *F.-X. Kaufmann,* Rechtsgefühl, Verrechtlichung und Wandel des Rechts, in: Jahrbuch für Rechtssoziologie und Rechtstheorie Bd. 10 (1985), S. 185–202.

[12] Vgl. *F.-X. Kaufmann,* Der Ort Gottes in unserer Kultur, in: Herder-Korrespondenz 39 Jg. (Juli 1985) S. 329–334.

hinauswachsen, so bleibt als bestimmende Erfahrung doch, daß unsere Lebenswelt von Entwicklungen bestimmt wird, die sich jenseits unseres Erfahrungshorizontes ereignen und von denen wir mit guten Gründen annehmen, daß sie nicht das Werk eines außerweltlichen Gottes, sondern von Faktoren sind, die sich grundsätzlich wissenschaftlich aufklären lassen. Gesellschaftliche Komplexität scheint sich so zwischen unsere Lebenswelt und die Möglichkeiten welttranszendierender Erfahrungen zu schieben: Unruhig ist zwar unser Herz, aber es fällt immer schwerer, IHN als das Ziel unserer Unruhe zu erkennen.

Die Folge gesteigerter gesellschaftlicher Komplexität scheint eine Nivellierung unserer Kultur zu sein, die im Stichwort des ‚Pluralismus' auf ihren Begriff kommt. Diese Nivellierung und die daraus folgenden ‚Sinnkrisen' sind nun allerdings keine Konsequenz eines Wertverlusts, wie die konservative Kulturkritik behauptet, sondern eher die Folge einer Hypertrophie der Werte. Moderne Gesellschaften sind in der Stabilisierung der verschiedensten werthaften Möglichkeiten so erfolgreich, daß kein Menschenleben ausreicht, um diese Vielfalt auch nur annähernd zu erfahren und ins Lebensdienliche umzusetzen. Eindeutiger kultureller Selektionskriterien beraubt, ist der einzelne mehr und mehr auf ‚sich selbst' als Kriterium der Lebensdienlichkeit zurückgeworfen. Wo eine Kultur keine ‚höchsten Möglichkeiten' mehr definiert, sondern ihre Werte als grundsätzlich gleichberechtigt vertritt, werden sie aus der Perspektive des einzelnen gleich gültig, und damit gleichgültig, beliebig[13]. Dies ist der Kern eines *religiösen Indifferentis-*

[13] Zum Beliebigkeitscharakter moderner Rationalität vgl. zuerst *D. Claessens,* Rationalität revidiert. Kölner Zeitschrift für Soziologie und Sozialpsychologie (1965) H. 3.

mus, der sich in verschiedenen Graden und Ausprägungen heute nachweisen läßt[14].

Paul Michael Zulehner interpretiert den skizzierten Opportunismus im Anschluß an Augustinus als „,incurvatio hominis ad seipsum', die Selbstverkrümmung des menschlichen Herzens in sich selbst hinein. Die Bibel weiß dann auch – offenbar aus Erfahrung –, daß diese Selbstverkrümmung (Sünde) tödlich ist. Umgekehrt wird die Erlösung durch Gott beschrieben als ein Herausgeführtwerden ins Weite, als eine Befreiung aus der Enge des eigenen Herzens (vgl. Ps. 18, 20)."[15] Diese theologische Interpretation konvergiert mit dem sozialisationstheoretischen Befund, daß es dem modernen Menschen immer schwerer fällt, eine stabile Identität aufzubauen.

Ich möchte noch auf zwei weitere kritische Bereiche hinweisen, die als mögliche Bruchstellen des ‚Projektes der Moderne' gelten können: Was die bereits ins allgemeine Bewußtsein gedrungenen *Umweltprobleme* betrifft, ist festzuhalten, daß der hochorganisierte systemische Zusammenhang von Wirtschaft, Technik und Politik externe Effekte produziert, die zu einer fortgesetzt stärker werdenden Belastung von Luft, Wasser und Organismen führen. Selbst wenn es innerhalb der technisch fortgeschrittensten Länder möglich sein sollte, die ja aus Kostengründen zu weiterer Umweltbelastung immer geneigten Emittenten technisch und administrativ zu kontrollieren, so scheint Ähnliches für den Bereich der Dritten Welt aus politischen wie aus Konkurrenzgründen nahezu ausgeschlossen. Wir müssen also damit

---

[14] Vgl. *C. Geffré – J. T. Jossua (Hrsg.)*, Der religiöse Indifferentismus, in: Concilium 19. Jg. (1983) H. 5; *F.-X. Kaufmann*, Religiöser Indifferentismus, in: *E. Paul/A. Stock (Hrsg.)*, Glauben ermöglichen. Festschrift für Günter Stachel (Mainz 1987) (im Druck).

[15] *F.-X. Kaufmann, W. Kerber, P. M. Zulehner*, a.a.O., S. 285.

rechnen, daß mit zunehmender Industrialisierung dieser Länder dort noch weit größere Umweltbelastungen und Katastrophen auftreten. Die grundsätzliche technische Beherrschbarkeit ökologischer Risiken (die ich menschlichem Erfindergeist weitgehend zutraue) ist somit kein überzeugendes Argument für deren faktische Wirksamkeit. Die Dynamik unseres technischen Fortschritts und der damit verbundenen Wohlstandssteigerung erscheint – so ließe sich auch an anderen Beispielen belegen – somit nicht universalisierbar und gerät damit in Widerspruch zu den universalistischen Grundlagen unserer Kultur.

Nur wenn es gelingen könnte, eine Weltordnung aufzubauen, im Rahmen deren sich die gemeinsame Verantwortung aller Staaten für die Erhaltung unseres Planeten in institutionellen Vorkehrungen niederschlägt, die zu einer Einschränkung des technisch Möglichen führen, bestünde in dieser Hinsicht Anlaß zur Hoffnung. Die Entstehung von Elementen einer solchen Weltordnung setzte jedoch zweifellos ein Minimum an gemeinsamen moralischen Bindungen voraus, deren Grundlagen möglicherweise durch Konvergenz im Bereich der Weltreligionen gelegt werden könnten.

Weniger im öffentlichen Gespräch ist eine zweite Gruppe externer Effekte der Modernisierung, die sich auf die sozialen Beziehungen und die psycho-soziale Befindlichkeit des Menschen beziehen. Zwar ist auch dieser Gesichtspunkt seit Hegel ein durchlaufendes Thema der westlichen Zivilisationskritik gewesen, ich erwähne als wichtigste Stichworte nur die Begriffe der Entfremdung (K. Marx) und der Anomie (E. Durkheim)[16]. Aber

[16] Besonders lesenswert ist in diesem Zusammenhang immer noch *A. Gehlen,* Die Seele im technischen Zeitalter. Sozialpsychologische Probleme in der Industriegesellschaft (Reinbek 1957).

die Begrifflichkeit ist so vielfältig und die empirischen Befunde so wenig eindeutig, daß ein vergleichbares Risikobewußtsein zu demjenigen hinsichtlich der ökologischen Gefährdung bisher noch nicht entstanden ist. Es sprechen aber viele Anzeichen dafür, daß die durch das Christentum mitstrukturierte Spannung zwischen Individualismus und Universalismus, die wir als kulturelle Voraussetzung der Modernisierung kennengelernt haben, eine fortgesetzte Schwächung der sogenannten intermediären Strukturen (etwa Regionalgesellschaften, örtliche und soziale Milieus) und der sozialen Lebensformen (wie Nachbarschaft und Familie/Verwandtschaft) bewirkt.

Im Gegensatz beispielsweise zu Japan, wo trotz der von Technik und Wirtschaft ausgehenden Mobilisierungs- und Individualisierungstendenzen die unterschiedlichen Formen des partikulären (z. B. verwandtschaftlichen, regionalen, betrieblichen) Gruppenbewußtseins immer noch dominieren, bietet die abendländische Kultur keinerlei Gegengewicht gegen die vereinzelnde und anonymisierende Wirkung der ökonomischen Verkehrsbeziehungen. Auch die zur Kompensation der mit dem individualistischen Prinzip der Vertragsfreiheit und des Privateigentums einhergehenden Risiken geschaffenen sozialstaatlichen Vorkehrungen vermögen – wie gerade die jüngste kritische Diskussion von Verrechtlichung, Bürokratisierung und Ökonomisierung der Sozialpolitik zeigt – die elementare Solidarität dauerhafter zwischenmenschlicher Beziehungen nicht zu gewährleisten[17]. Selbst für den Bereich der Familie, der im Zuge der Modernisierung zunächst eine Auf-

[17] Vgl. hierzu demnächst: *F.-X. Kaufmann (Hrsg.)*, Staat, intermediäre Instanzen und Selbsthilfe (München – Wien 1987).

wertung erfahren hat, läßt sich heute eine zunehmende Destabilisierung beobachten, die sich beispielsweise in einer verminderten Häufigkeit von Eheschließungen, einer Zunahme der Ehescheidungen und einem deutlichen Rückgang der Kinderzahl auch in den geschlossenen Ehen äußert[18]. Die endemisch zunehmende Beziehungslosigkeit erscheint zwar vordergründig als Erfolg der Emanzipationsbewegung. Aber man sollte sich nicht über die damit verbundene „auffällige Diskrepanz zwischen dem Wunsch nach dauerhafter Bindung und der Erfahrung häufig geringer Tragfähigkeit personaler Beziehungen" nicht hinwegtäuschen. „Dauerhafte Bindung kann sich offenbar nicht allein auf eine Gefühls- und Situationsethik abstützen. Sie ist angewiesen auf tragfähige Rückbindungen: auf Ideen und Überzeugungen, die es ermöglichen, Augenblicksperspektiven in die Zukunft zu verlängern."[19] Es scheint den Menschen also immer schwerer zu fallen, dauerhafte soziale Beziehungen einzugehen, die jedoch für die Sinnerfahrung des einzelnen wahrscheinlich wesentlich wichtiger sind, als die universalistischen Orientierungen unserer Kultur[20]. Die zunehmende Nachfrage nach den verschiedensten Formen psycho-sozialer Hilfe deuten auf die Schwierig-

[18] In der Bundesrepublik wird zur Zeit etwa jede vierte Ehe geschieden, in den Vereinigten Staaten bereits jede zweite; dabei ist jedoch hinzuzufügen, daß die Häufigkeit der nichtehelichen Lebensgemeinschaften unter den Jugendlichen in der Bundesrepublik deutlich höher als in den U.S.A. ist. Vgl. zu diesem Gesamtkomplex demnächst *K. Lüscher u. a.* (Hrsg.), Familiale Lebensformen und Familienpolitik im Übergang zur Postmoderne. 2 Bde. (Konstanz 1987).

[19] Vgl. *R. Süßmuth*, Wandlungen im Bindungsverhalten, in: Herder-Korrespondenz 35. Jg. (1981) S. 195 ff., 246 ff., Zitate S. 248.

[20] Eine bemerkenswerte Synthese theologischer, philosophischer und sozialisationstheoretischer Überlegungen zu dieser Frage gibt *W. Pannenberger*, Person und Subjekt, in: *O. Marquard – H. Stierle (Hrsg.)*, Identität (München 1979) S. 406–422.

keiten hin, heute Selbstbilder und Lebensformen in ein befriedigendes Verhältnis zu setzen. Es fehlt in unserer Gesellschaft eben zunehmend an stabilen Bezugskreisen in einem erfahrbaren Horizont. Der einzelne wird durch die Individualisierung in Erfahrungen gedrängt, die wir etwa mit den Stichworten Beziehungslosigkeit, Identitätslosigkeit und Wirkungslosigkeit charakterisieren können, die nur im Rahmen einer besonders starken persönlichen Identität überwunden werden können[21]. Die Voraussetzungen für die Entstehung starker persönlicher Identitäten scheinen jedoch, wie bereits oben angedeutet, rückläufig zu sein.

6. Perspektiven für das Christentum im Westen

Inwieweit ergeben sich aus dieser Diagnose von Gefährdung und möglichen Bruchstellen der Moderne Ansatzpunkte für eine neue Entfaltung des Christentums? Auch wenn sich der Realitätsgehalt dieser höchst riskanten Perspektiven weiter verdeutlichen sollte, so ergeben sich daraus an sich noch keinerlei Anhaltspunkte für eine Renaissance des Christentums, vielmehr erscheint dieses ja gerade durch die psycho-sozialen Entwicklungen in seiner Tradierungsfähigkeit zentral bedroht.

Wir müssen uns sehr ernsthaft der Schwierigkeit stellen, daß Kirchen und Christen an den Erfolgen und Problemen der Moderne partizipieren[22]. Das Christentum ist kein exemter Bereich der Moderne. Es besitzt in seiner sozialen Wirklichkeit keine Immunität gegen die

---

[21] Eine besonders eindringliche Analyse der hiermit angesprochenen anomischen Situationen und Prozesse gibt *H. P. Dreitzel,* Die gesellschaftlichen Leiden und das Leiden an der Gesellschaft (Stuttgart ²1972).
[22] Vgl. hierzu oben I, 2.

zeitgenössischen Gefahren, sondern es ist wie früher, so auch heute – in seiner sozialen Form total mit der Geschichte des Westens verstrickt. Auch die Erfolge des Christentums, insbesondere des Katholizismus, sind in der Neuzeit nur durch seine neuzeitlichen Organisationsformen zu erklären. Man vergegenwärtige sich, welch phantastische organisatorische Leistung die Restrukturierung der Weltkirche im 19. Jahrhundert nach Abschaffung der feudalen Infrastruktur gewesen ist, und man denke an die großen Missionsbewegungen, die im Zuge der Kolonisierung und auf der Basis des europäischen Wohlstands im 19. Jahrhundert ermöglicht wurde. Auch heute partizipieren die Kirchen – insbesondere in der Bundesrepublik mit ihrem Steuerprivileg – am Wohlstand der modernen Gesellschaft. Sonst könnten sie sich einen so hochprofessionalisierten Stab an Mitarbeitern, wie wir ihn heute in Fürsorge, Caritas und Kirchenadministration finden, gar nicht leisten[23]. Dieser Erfolg durch Organisation ist jedoch gleichzeitig ein zentraler Aspekt dessen, was ich oben als Verkirchlichung des Christentums angesprochen habe. Die kirchliche Organisation wird zunehmend zum Träger des Christentums, nicht mehr so sehr die Individuen, die sich vielmehr zunehmend auf die Organisation verlassen. Während es in der Generation unserer Eltern und Großeltern noch selbstverständlich war, daß die Eltern die Verantwortung für die religiöse Erziehung ihrer Kinder übernahmen, findet sich heute zunehmend eine Art dienstleistender Erwartung der Eltern gegenüber der Kirche. Sie sagen: „Ja, mein Kind soll christlich werden, das

[23] Wir sollten uns allerdings gleichzeitig bewußt sein, daß dieser Reichtum im Weltmaßstab eine Ausnahme darstellt – schon der nachbarliche französische Katholizismus ist aufgrund anderer historischer Voraussetzungen bettelarm!

muß aber der Pfarrer, die Schule oder die Kirche besorgen, das ist nicht unsere Aufgabe"[24]. Pfarreien und Jugendorganisationen vermögen jedoch mit Bezug auf die religiöse Sozialisation den Einfluß der Familie nur sehr bedingt zu ersetzen.

Zweitens, auch die Christen sind von den Tendenzen einer Erosion der sozialen Beziehungen, der Vereinsamung, des Zeitmangels, des Verlustes an Muße betroffen. Die Angebote und Reize der Moderne machen – nicht zuletzt vermittelt durch das Fernsehen – auch vor Klostermauern nicht halt. Was nun die Tradierung des Christentums angeht, so setzt diese als Wertetradierung stabile, sympathetische Sozialbeziehungen voraus, in denen Werte durch Identifikationsprozesse übernommen werden. Der Erwerb religiöser und ethischer Orientierungen setzt Vorbilder voraus, am besten Menschen, die man wertschätzt, sei es aufgrund langer Vertrautheit oder spontaner Sympathie und Bewunderung. Was den Menschen im Innersten prägt, kann nur im Rahmen sympathetischer, im Sinne Martin Bubers ‚dialogischer' Sozialbeziehungen vermittelt werden. Die Erosion sozialer Lebensformen macht jedoch dauerhafte sympathetische Sozialbeziehungen und Identifikationsprozesse immer schwieriger, und auch hiervon ist die Kirche und sind die Christen genauso betroffen wie alle anderen.

Drittens, und dies ist der einzige Punkt, der hoffnungsvoll stimmt, haben Christen m. E. doch stärker als andere Menschen die Möglichkeit einer *gesteigerten Sensibilität genau für diese Probleme der Moderne,* ohne gleich in Verzweiflung oder die Suche nach ‚totalen Alternativen' zu verfallen. Das Christentum bewahrt die Hoffnung auf einen Zustand des Heils. Insoweit als das

[24] Vgl. oben I, 6.

Christentum die Spannung zwischen Immanenz und Transzendenz aufrechterhält, weist es über die Möglichkeiten der Gesellschaft hinaus; wo diese Spannung zusammenbricht, wo der Transzendenzbezug des Menschen nicht mehr welttranszendierend ist, sondern dem Menschen nur noch die immanente Transzendenz unbegriffener gesellschaftlicher Komplexität präsent ist, scheint sich ein oben bereits angedeuteter kultureller Wandel anzubahnen, den Friedrich Nietzsche – und nicht nur er – als das *Heraufkommen des Nihilismus* bezeichnet hat. Gläubige Christen leben mit einer „gefährlichen Erinnerung" (J. B. Metz), die sie vor der „Seinsvergessenheit des Zeitalters" zu bewahren vermag. Martin Heidegger hat es deshalb in Anschluß an Leibniz als die zentrale Frage des Denkens bezeichnet, warum denn etwas sein soll und nicht vielmehr nichts[25]. Die institutionalisierte Egozentrik, die sich in allen neuzeitlichen Subjektivitätstheorien ebenso wie im gesellschaftstheoretischen Konzept selbstreferentieller oder autopoietischer Systeme[26] zum Inbegriff aller Wirklichkeit zu machen sucht, kann keine zwingenden Gründe dafür vorbringen, warum ich mich für die Zukunft entscheiden soll und nicht für meine Gegenwart, warum die Interessen der Schwächsten als gleichwertig gelten sollen denjenigen der Stärksten, und warum es andere Gründe geben soll, nicht gegen Gesetze zu verstoßen, als die Wahrscheinlichkeit, dafür bestraft zu werden. Wo also liegen innerhalb der Theorien der Moderne – wenn diese von ihrer christlichen Herkunft abgeschnitten werden – die Begründungen dafür, daß ich mich für das Sein und

---

[25] Vgl. *M. Heidegger,* Was heißt denken? (Tübingen 1954).

[26] Vgl. *N. Luhmann,* Soziale Systeme. Grundriß einer allgemeinen Theorie (Frankfurt a. M. 1984).

nicht das Nichts zu entscheiden habe, daß das Nutzenkalkül über meinen eigenen Tod hinausreichen soll?

7. *Konsequenzen*

Selbst wenn es sich hier um ‚starke Fragen' handeln sollte, so weiß ich doch kein Patentrezept für das, was die unter uns, die mit dem Christentum noch etwas im Sinn haben, in der gegenwärtigen Situation tun können. Lassen Sie mich lediglich mit drei Hinweisen schließen, deren Gewicht nur ihre praktische Erprobung aufweisen kann.

Erstens: *Zurück zu den Inhalten.* Ich glaube nicht, daß es möglich ist, die Chancen des Christentums auf bloß institutionellem Wege zu wahren. Institutionen sind zwar wichtig, sie haben ein Beharrungsvermögen, das über die Zeit weghilft, aber sie bringen nichts voran. Wenn es gelingt, die tragenden Gedanken des Christentums im Horizont der Moderne neu auszulegen und plausibel zu machen, hat das Christentum eine Chance. Theologen sprechen heute mehr von Religion und Kirche, als von Gott und vom Christentum. Natürlich sind auch diese Worte fragwürdig, aber sie scheinen mir doch direkter auf das zu verweisen, was ich hier mit der inhaltlichen Dimension meine.

Zweitens: Ich glaube nicht, daß die Christen eine Chance haben, als Christen verstanden zu werden, wenn sie aufgrund ihrer möglicherweise vorhandenen gesteigerten Sensibilität bloße Gesellschaftskritik treiben. Zwar ist zu hoffen, daß christliche Sensibilität den Sinn für die Ungerechtigkeiten und Fehlentwicklungen der Zeit wachhält, aber ich glaube nicht, daß das allein viel in Bewegung bringt. Gesellschaftskritik setzt inhaltlich ein christliches Engagement nicht voraus, der Horizont der Aufklärung ist weit genug, um die Schatten der Moderne nicht in Vergessenheit geraten zu lassen. Weit schwieriger scheint es schon, von einem ausschließlich aufklärerischem Engagement aus zu neuen Perspektiven und neuen Formen der Praxis zu gelangen. Zwar registrieren wir solche Praxisformen seit kurzem als ‚neue soziale Bewegungen', die aber meist nur mit Bezug auf bestimmte Betroffenheiten eine gewisse programmatische Stabilität erreichen.

Die Glaubwürdigkeit eines zukünftigen Christentums wird davon abhängen, ob es gelingt, neue Sozialformen explizit christlichen Lebens zu entwickeln. Charakteristische Beispiele der Vergangenheit waren die Ordensgründungen, und es sollte nachdenklich stimmen, daß es in den letzten Jahrzehnten kaum neue Ordensgründungen gegeben hat und daß der Nachwuchs zum mindesten in unseren Ländern den Bestand nirgends zu sichern vermag. Möglicherweise ist der Typus des zölibatären, auf ein Geschlecht beschränkten Ordens eine Sozialform, die im Kontext der westlichen Gesellschaften historisch überholt ist, aber vielleicht ist der Bedeutungsschwund des zölibatären Lebens auch nur an die gegenwärtige historische Konjunktur eines Umbruchs der Geschlechterrollen gebunden. Auf jeden Fall scheinen Sozialformen, die Partnerbeziehungen und Familien einschließen, am ehesten noch ein unentdecktes Feld christlichen Gemeinschaftslebens zu sein. Hierauf verweist nicht nur das heute viel diskutierte Konzept der ‚Basisgemeinden' sondern auch eine Reihe neuerer religiöser Bewegungen, wie Focolare, Foi et Lumière, Cursillo, Marriage Encounter. Nur wo solche neue Sozialformen christlichen Lebens entstehen, sind m. E. hoffnungsvolle Zeichen einer Zukunft des Christentums auszumachen.

Ein letzter Hinweis, der mit den beiden erstgenannten zusammenhängt: Zeichenhaft wäre die exemplarische Lösung sozialer Probleme. Glaubwürdig wirkte zu allen Zeiten christlich inspiriertes und begründetes Tun, das sich als hilfreich erwies. Wir können nicht erwarten, daß die Christen und die Kirchen alle sozialen Probleme der Welt lösen werden, und für die Lösung vieler Probleme dürften wissenschaftliche Einsichten und praktische Erfahrungen vordergründig einschlägiger sein als christliches Engagement. Aber nicht alle Einsichten und Erfahrungen werden in die Praxis umgesetzt, vor allem dort, wo es gegen Besitzstände, Gewohnheiten und eigene Interessen geht. *Glaubwürdigkeit ist auch heute zu erreichen, wo exemplarisch etwas Hilfreiches zustande gebracht wird.*

Soweit ich sehe, gibt es jedoch z. B. in dem ausgebauten, von der Caritas und anderen katholischen Trägern betriebenen Krankenhauswesen kein einziges Beispiel eines Reformkrankenhauses, das sich etwa mit dem anthroposophischen Krankenhaus in Herdecke messen könnte. Wäre es nicht Aufgabe christlicher Krankenhäuser, etwa dem humanen Sterben oder den psycho-sozialen Problemen des Krankenhauses so Beachtung zu schenken, daß dies als ein Markenzeichen dieser Dienste gelten kann? Daß hier Leistungen anstehen, die möglicherweise nicht in den Vergütungskatalog der Krankenkassen passen, sollte kein Grund gegen, sondern gerade *für* solche Aktivitäten sein, für die *Eigenmittel* der Kirchen bevorzugt bereitzustellen wären. Und möglicherweise könnte eine kirchliche Bewegung für humanes Sterben auch erneut religiöse Energien freisetzen, so daß gerade ältere Menschen diesen evident uneigennützigen Liebesdienst ohne Bezahlung, aber im Kontext einer geistlichen Verpflichtung oder gar Vergemeinschaftung auf sich nehmen? Das verstehe ich unter einer exemplarischen Lösung.

Ein anderes, aktuelles Beispiel ist das Asylantenproblem: Es entspricht dem Gesetz, unter dem die Kirchen angetreten sind, daß sie sich für die Asylanten politisch einsetzen, und es erhöht ihre Glaubwürdigkeit, daß dies gegen erkennbaren Widerstand von ansonsten den Kirchen politisch nahestehenden Parteien geschieht. Aber noch überzeugender wäre es, wenn kirchlicherseits heute Schulungszentren für Asylanten eingerichtet würden, daß sie die Sprache unseres Landes lernen, sich beruflich qualifizieren und überhaupt fit machen können für das Leben in einer Gesellschaft, die ihnen unvertraut ist. Das Engagement für die Asylanten könnte im übrigen in vielfältiger Hinsicht zeichenhaft sein: Es orientiert sich nicht nur an einer der sozial schwächsten Gruppen, sondern es verweist gleichzeitig auf den integralen Zusammenhang der entstehenden Weltgesellschaft, von der wir uns nicht nur wirtschaftlich, sondern auch sozial nicht abkoppeln können. Auf diese Weise könnte auch in unserer gewiß vergleichsweise humanen, aber auch recht selbstzufriedenen Welt gegen ein Zeichen des „Nolite conformari huic saeculo" („Paßt Euch nicht diesem Zeitalter an"; Röm. 12,2) gesetzt werden, und es könnte die spezifischen Vorteile, die der deutschen Kirche aus ihrem Reichtum und ihrer starken Organisation zukommen, in zeichenhafter Weise nutzbar gemacht werden.

Damit bin ich ans Ende dieses Versuchs gelangt, das Christentum in den Kontext seiner historischen Herkunft und seiner möglichen Zukunft zu stellen. Zukunft, das ist grundsätzlich stets ein *offener* Raum, der aber durch die Festlegungen der Vergangenheit eingeschränkt wird. Im Extremfall wird Zukunft zur festgefügten Fortsetzung sogenannter Sachzwänge, zu einem „Gehäuse der Hörigkeit" (Max Weber), zu einer Tyrannei der Strukturen und verliert damit ihre Offenheit. All dies sind jedoch keine unumstößlichen Wirklichkeiten, sondern Produkte unseres beschränkten Denkens. Die Hoffnung auf einen welttranszendierenden Gott und das durch Seinen Sohn verheißene Heil hält Zukunft offen: „An einen Gott glauben heißt *sehen,* daß es mit den Tatsachen der Welt noch nicht abgetan ist."[27]

[27] *L. Wittgenstein,* Schriften. Bd. I (Frankfurt 1960) S. 167.

Zweiter Teil:
Johann Baptist Metz

I

Im Aufbruch zu einer kulturell polyzentrischen Weltkirche

Bei den folgenden Überlegungen geht es um eine Art theologischer Tendenzkunde: um den Versuch, die sich gegenwärtig abzeichnenden Bewegungen im großkirchlichen Leben in theologische Konturen zu fassen. Zwangsläufig trägt ein solches Unternehmen betont hypothetische Züge.

1. Der kirchengeschichtliche Ort und Rang des Aufbruchs

Ich beginne mit einer kirchenempirischen Aussage, die ich einem Bericht der Missionszentrale der Franziskaner in Bonn entnehme. Dabei bin ich mir bewußt, daß ich damit die Perspektive der Weltkirche zunächst einmal an der sogenannten Nord-Süd-Achse der Welt orientiere. „Am Ende dieses Jahrhunderts werden 70 Prozent aller Katholiken in den heutigen Entwicklungsländern leben und nur noch 30 Prozent in Europa und in den Vereinigten Staaten. Dann hat sich das Verhältnis innerhalb eines Jahrhunderts genau umgedreht: Im Jahr 1900 lebten 77 Prozent aller Katholiken in der westlichen und nur 23 Prozent in den Ländern der sogenannten ‚südlichen Welt' ... 1980 wurden bereits 58 Prozent der Ka-

Diese „Polyzentrismusthese", vom Verfasser seit 1983 in verschiedenen Kontexten publiziert (zuletzt in: Zeitschrift für Missionswissenschaft und Religionswissenschaft, Jubiläumsband 1986), wird hier in Verbindung mit neueren Überlegungen vorgelegt.

tholiken in der Dritten Welt registriert, während der Anteil der Katholiken Europas und der USA nur noch 42 Prozent betrug."[1] Im Klartext heißt das: die katholische Kirche „hat" nicht mehr einfach eine Dritte-Welt-Kirche, sondern sie „ist" inzwischen selbst eine Dritte-Welt-Kirche mit einer abendländisch-europäischen Ursprungsgeschichte.

Ist dies „nur" ein empirischer Befund, der keinerlei kirchentheologische Bedeutung hat – oder kündigt sich darin eine neue Epoche der Kirchen- und Theologiegeschichte an? Ich möchte das letztere behaupten und in Umrissen zu verdeutlichen suchen. Die katholische Kirche steht vor einer Zäsur ihrer Geschichte, der vielleicht tiefgreifendsten seit urkirchlicher Zeit. Sie ist auf dem Weg von einer kulturell mehr oder weniger einheitlichen, also kulturell monozentrischen Kirche Europas und Nordamerikas zu einer kulturell vielfach verwurzelten und in diesem Sinn kulturell polyzentrischen Weltkirche.

Um den kirchlichen und theologischen Rang dieses Übergangs zu erfassen, sollten wir die übliche, ohnehin vielfach problematisierte Einteilung der europäischen Geschichte in „Altertum – Mittelalter – Neuzeit" einmal zurückstellen – vor allem im Blick auf die Einteilung von Kirchen- und Theologiegeschichte. Ich möchte demgegenüber – übrigens in Nähe zu Karl Rahner – den Vorschlag machen, die Geschichte der Kirche in die folgenden drei Epochen einzuteilen:

– einmal in die zeitlich relativ kurze, aber für die

[1] In mehreren Werken hat vor allem der Kapuziner W. Bühlmann in den letzten Jahren auf diese „Verschiebung" im Kirchenbild aufmerksam gemacht.

theologisch-historische Identität der Kirche fundamentale Epoche des Judenchristentums;

– dann in die sehr lange Epoche innerhalb einer mehr oder minder einheitlichen Kultur, nämlich in die Epoche des auf dem Boden des Hellenismus sich entfaltenden Heiden-Christentums und der damit zusammenhängenden europäischen Kultur und Zivilisation bis in unsere Tage;

– und schließlich in die Epoche einer weltweit verwurzelten, kulturell polyzentrischen Kirche.

Wenn ich mich nicht täusche, dann steht die Kirche und auch die Theologie (denn allemal reflektiert sich die Geistesgeschichte der Theologie in der sozial greifbaren Glaubensgeschichte der Kirche) in der tiefreichenden, von schmerzlichen Spannungen gekennzeichneten Zäsur zu dieser dritten Epoche hin. Sie steht im Übergang von einem abendländisch-europäischen Kirchentum, in dem die Weltkirche eigentlich nur simuliert werden konnte, zu einem Weltkirchentum mit kulturell polyzentrischem Charakter. In ihm beginnt sich erst geschichtlich zu verdeutlichen, was mit jener apostolischen Sendung beabsichtigt ist, die uns die erste Kirchengeschichte des Christentums, nämlich die Apostelgeschichte, überliefert: „Ihr werdet meine Zeugen sein bis an die Grenzen der Erde" (Apg 1,8)[2]. So über die

[2] Wenn wir die Apostelgeschichte als erste Kirchengeschichte begreifen, dann können wir in ihr real die erste Zäsur, also diejenige vom Juden-Christentum zum Heiden-Christentum, beschrieben und die zweite Zäsur, also jene zur kulturell polyzentrischen Weltkirche, intentional vorweggenommen finden. In diesem Sinne korrespondiert ein kulturell polyzentrisches Verständnis der Weltkirche jenem Kirchenbild, wie es ausdrücklich in der Apostelgeschichte verheißen ist, wenn man einmal davon ausgeht, daß es sich bei jener „Zeugenschaft bis an die Grenzen der Erde" nicht nur um eine geographische Verbreitung, sondern um eine kulturelle Einwurzelung des Glaubens handelt.

Kirche zu denken, d. h., sie für so jung zu halten, daß sie in einem gewissen Sinn erst am Anfang ihrer biblisch angelegten Geschichte steht: das ist der Versuch, die konkrete Kirchengeschichte als Hoffnungsgeschichte zu begreifen.

2. *Vaticanum II: Konzil des Aufbruchs*

Vielleicht wird man einmal das jüngste Vatikanische Konzil als das Konzil dieses Übergangs kennzeichnen: als das letzte eurozentrisch-abendländische Konzil, in dem die Kirche schon anfänglich als polyzentrische Weltkirche auftritt und gestikuliert. Als Symptome und Impulse, die auf dem Zweiten Vatikanum auf den genannten Übergang weisen, nenne ich in aller Kürze (und ohne Ehrgeiz auf Vollständigkeit) die folgenden:

– Die Zusammensetzung des Konzils: erstmals mit einheimischem Episkopat aus nichtwestlichen Ländern.

– Die großen regionalen Teilkirchen gewinnen größere Selbständigkeit und Autonomie innerhalb der Gesamtkirche.

– Durch die Einführung der Muttersprachen zeigt die Liturgiereform des Konzils eine Tendenz zur kulturellen Einwurzelung (denn schließlich gilt, daß gerade die Liturgie der sensibelste Bereich für den Ausdruck religiöser Identität ist, die sich vorzüglich an Erinnerungen und Symbolen bildet und durch Symbol- und Sinnlichkeitsverzicht immer geschwächt wird).

– Auch einzelne Lehraussagen des Konzils bekräftigen diese Öffnung zu einer kulturell polyzentrischen Weltkirche:

so etwa die Erklärung über das Verhältnis der Kirche zu den nichtchristlichen Religionen, die gegenüber der bisher apologetisch abwehrenden Einstellung zu diesen Religionen und ihren Kulturen erstmals deren positive Würdigung empfiehlt (auch wenn man sich hier – gerade im Angesicht der Katastrophe von Auschwitz – eine ausführlichere Würdigung des unüberholbaren Verhältnisses zu Israel und überhaupt zur jüdischen Religion als der Wurzelreligion für Christentum und Islam gewünscht hätte – und auch wenn man gern noch Näheres dazu erfahren hätte, ob und inwieweit die Kirche selbst auf die fremde Prophezie dieser nichtchristlichen Religionen zu hören hat);

so auch die Erklärung „über die Religionsfreiheit", in der die Kirche sich als Institution einer Religion der Freiheit erweisen will, die bei der Verkündigung und Ausbreitung ihrer Überzeugungen auf alle dieser Freiheit vorausliegenden Machtmittel ausdrücklich verzichtet;

und so schließlich in der Pastoralkonstitution über die Kirche in der Welt von heute, in der zumindest anfänglich ein Weltverständnis am Werk ist, das die bisherige Überidentifizierung von „Welt" und „abendländisch-europäischer Welt" lockert[3].

Gegenwärtig freilich, zwanzig Jahre nach dem Konzil, ringen m. E. unterschiedliche, teilweise geradezu gegensätzlich anmutende Vorstellungen über die Zukunft der Kirche und über die Art der Treue zum jüngsten Konzil miteinander. Wird sich eine eher rückwärts gewandte, zuweilen geradezu ins vorneuzeitliche und vorreformatorische christliche Abendland verweisende Vorstellung durchsetzen oder eine Vorstellung, die das unverzichtbare Erbe der abendländischen Kirche gerade in Verbin-

[3] Zu dieser Einschätzung des Konzils als eines Konzils des Übergangs zur Weltkirche vgl. *K. Rahner,* Schriften zur Theologie 14, in einigen Beiträgen dieses Bandes.

dung mit diesen neuen, gewiß oft noch schwer überschaubaren kirchlichen Aufbrüchen zu retten sucht. Wird sich eine defensive oder eine offensive Treue zum Konzil durchsetzen, sozusagen ein defensiver oder ein offensiver Tutiorismus? Wird sich das Zentrum der Kirche für die Prophetie der armen Kirchen öffnen? Die zielt ja nicht auf plane Modernisierung oder Liberalisierung der Kirche, sondern, wenn schon, auf die „Radikalisierung" des christlichen Lebens! Werden wir also die sozial zerrissene und kulturell polyzentrische Weltkirche als einen Lernraum begreifen, in dem es genug Anzeichen dafür gibt, daß sich unser Christentum angesichts großer Gefahr „an der Wurzel faßt"?

3. Im Blick auf das Spannungsfeld „Erste Welt – Dritte Welt"

Behandeln wir zunächst die Frage nach dem kulturellen Polyzentrismus mit Blick auf das Spannungsfeld Erste Welt – Dritte Welt, das sich (wie immer es im einzelnen beschrieben werden mag) mitten durch die reale Weltkirche zieht. Wir beschränken uns dabei vorläufig auf die lateinamerikanische Kirche. Dagegen mag man vielleicht einwenden, daß gerade diese zur Erläuterung des kulturellen Polyzentrismus kein besonders geeignetes Beispiel sei. Sind nämlich nicht gerade die lateinamerikanischen Kulturen von Europa überprojizierte Kulturen?

Doch offensichtlich blickt uns aus Lateinamerika und seinen religiösen und politischen Kulturen nicht nur ein projiziertes Europa an, auch nicht einfach ein zweites Südeuropa: Man braucht dazu nur einmal die lateinamerikanische Literatur, etwa die neueren Romane, näher zur Kenntnis zu nehmen [4]. Unter dieser Voraussetzung ist der Blick auf die lateinamerikanischen Länder und ihre Kirchen sogar in besonderer Weise wichtig und für den in Gang kommenden Austausch verheißungsvoll. Denn zu einer gegenseitigen Inspiration und schöpferischen Assimilation kommt es zwischen den einzelnen unterschiedlichen Kulturräumen nur dann, wenn sie einander nicht zu fremd und zu beziehungslos gegenüberstehen. Weiterhin: Gerade an Lateinamerika, speziell an Zentralamerika, wird deutlich, wie sehr die sogenannte Dritte Welt heute immer mehr hineingerissen wird in den ursprünglich europäischen Ost-West-Konflikt, wie sehr hier eine letzte und vielleicht gefährlichste Form der westlichen Kolonialisierung am Werk ist. An den lateinamerikanischen Kirchen wird deutlich, wie sehr das Verhältnis „Erste Welt – Dritte Welt" ins Zentrum des kirchlichen Lebens reicht. Die Kirche muß hier, jenseits des Ost-West-Konflikts, aus dem Geist des Evangeliums eine neue Möglichkeit, ein neues Verhältnis zwischen den westlichen Traditionen und der Dritten Welt durcharbeiten, das durchaus auch politisch-ökonomische, soziale Bedeutung haben kann. Hier ist ein entscheidender Ort der von der Kirche selbst beanspruchten Friedensaufgabe. Schließlich darf nicht vergessen werden, daß es sich im Blick auf Lateinamerika um die Beleuchtung eines ersten Schritts hinsichtlich des kulturellen Polyzentrismus der Kirche handelt. Andere, vielleicht viel schwierigere Schritte müssen folgen – im Blick auf Afrika und auf die asiatischen Kulturen. Auch dafür gibt es schon keimhafte Ansätze, die

[4] Zu Lateinamerika als einem Kontinent der Indios und den damit zusammenhängenden theologisch-missionarischen Fragen vgl. vor allem die Arbeiten von *G. P. Süß*. Vgl. auch mein Referat auf dem Aachener Katholikentag (1986) „Theologie im Kontext von Kulturen und gesellschaftlichen Verhältnissen".

nicht einfach Kopien des lateinamerikanischen Prozesses sind. Auf diese Differenzierungen im Polyzentrismusverständnis versuche ich in der „Weiterführung" einzugehen.

Nun gibt es gerade in Lateinamerika heute ein leidenschaftliches Ringen um den Weg der Kirche, das bis tief in die Bischofskonferenzen hineinreicht und in ihnen sich spiegelt. Ich möchte diese Konflikte in das Licht der eben skizzierten gesamtkirchlichen Prozesse rücken, das heißt also in das Licht des genannten epochalen Übergangs. So beleuchtet, handelt es sich bei diesen innerkirchlichen Auseinandersetzungen im Prinzip nicht um den Gegensatz zwischen einer orthodoxen, den Traditionen der Kirche eifrig und unabdingbar verpflichteten Position einerseits und einer mehr oder weniger der Irrlehre verdächtigen, vermeintlich von fremden politischen Ideologien beeinflußten Befreiungskirche andererseits. Es handelt sich vielmehr um die Spiegelung jenes schmerzlichen Übergangs von einer eurozentrischen Kirche zu einer kulturell polyzentrischen Weltkirche. Und dabei stehen meines Erachtens gerade jene, die sich in ihrer Immobilität für besonders orthodox und kirchentreu halten, in der Gefahr, nicht die messianische Kirche des Ursprungs zu verbreiten, sondern die kulturell monozentrische Kirche des Abendlands zu versteinern und damit jenen Auftrag zu vernachlässigen, der im Gesamtgedächtnis der Kirche verwahrt ist.

4. Identitätsstiftende Zusammenhänge

Die These vom weltkirchlichen Polyzentrismus besagt nicht, daß die Kirche und ihre Theologien nun in einen wohlfeilen Pluralismus zerfallen, in ein beziehungsloses

Nebeneinander von sogenannten kulturellen Kontexten. *Identitätsstiftende Zusammenhänge* zwischen dem europäisch-abendländischen Kirchentum und dem der Dritten Welt bleiben, und dies vor allem in dreifacher Hinsicht.

Einmal ist die kulturell monozentrische europäische Kirchengeschichte ein wesentliches und bleibendes Stück *Ursprungsgeschichte* einer kulturell polyzentrischen Weltkirche. Die nahezu zweitausendjährige Periode der europäischen Kirchengeschichte hat ihre unabdingbare Wahrheit, die freilich im Blick auf die polyzentrische Weltkirchensituation immer neu herausgebracht werden muß. Wir huldigen hier keinem modischen Antieuropäismus und auch keiner wohlfeilen Kritik am sog. Eurozentrismus. Solange die Kirche sich als Künderin und Repräsentantin des in das Fleisch der Geschichte eingestifteten Heils versteht, kann sie die „Kontingenz" ihres geschichtlichen Lebens niemals abstreifen; sie ist um ihrer Wahrheit willen auf Erinnerung festgelegt; sie kann ihre abendländische Ursprungsgeschichte, die schließlich schon in der Urkirche beginnt, nicht einfach hinter sich lassen. Im Gegenteil: deren unverzichtbare Wahrheit muß gerade in einer kulturell polyzentrischen Weltkirche deutlich herausgearbeitet und vertreten werden [5].

[5] Die These, daß die europäische Kirchengeschichte ein wesentliches Stück Ursprungsgeschichte einer kulturell polyzentrischen Weltkirche darstellt und bleibt, enthält auch die Aufgabe, angesichts dieses Übergangs zum kulturellen Polyzentrismus das abendländisch-europäische Erbe, kurzum die „Wahrheit des Westens" entschiedener als bisher herauszuarbeiten und auch in der Gesamtkirche zu vertreten. Dabei muß deutlich werden, daß dieses westliche Erbe eigentlich von zwei Traditionssträngen geprägt ist, daß es sich seinerseits eigentlich zwei Kulturen verdankt, die konstitutiv geworden sind für die kirchliche Identität: nicht nur das grie-

Zum anderen ist die europäische Kirche mit dieser heraufziehenden polyzentrischen Weltkirche durch eine lange währende *Schuldgeschichte* verbunden. Ohne in neurotische Selbstbezichtigung zu verfallen: diese Schuldgeschichte darf keineswegs verdrängt werden. Häufig halten wir sie uns mit allerlei subtilen Abwehrreflexen vom Leibe. Etwa mit Hilfe eines taktischen Provinzialismus, mit dem wir unser eigenes kirchliches und politisches Leben aus den globalen Abhängigkeiten herauszuhalten suchen. Oder auch mit einem allzu routinierten Gebrauch der Kategorie „Entwicklung": wenn wir zum Beispiel umstandslos von „unterentwickelten Völkern und Kulturen" dieser Dritten Welt sprechen, obwohl sie, genauer besehen, nicht selten vom europäischen Expansionismus unterdrückte oder zerstörte Kulturen sind; oder wenn wir von den Ländern dieser Dritten Welt zwar gern als von unseren schwach entwickelten Partnern, kaum aber als von unseren Opfern sprechen. Die Wahrnehmung der neuen kulturell polyzentrischen Weltkirche wird uns lehren, uns selbst, auch unsere eigene Geschichte, mit den Augen unserer Opfer zu beurteilen. Ich brauche hier nicht im einzelnen die dunkle Rückseite der europäischen Geschichte zu beschreiben, den kulturellen und wirtschaftlichen Kolonialismus, den religiösen Kolonialismus. Diese kolonialistische Rückseite der europäischen Geschichte ist nicht wegzudisputieren, auch wenn die Rede über sie inzwischen schon zum Klischee erstarrt ist. Wo nämlich diese

---

chisch-hellenistisch inspirierte und durch römisch-lateinische Traditionen strukturierte und disziplinierte Erbe, sondern auch das Erbe aus Palästina, aus den jüdischen Traditionen. Diese Herkunft aus dem Judentum und aus dem auf dem Boden des Hellenismus entfalteten Abendlands bleibt der Kirchengestalt überall auf der Welt immanent. Nicht nur der Gott Athens, sondern – vor allem – der Gott Jerusalems muß das westliche Erbe prägen, das unverzichtbar ist für die Weltkirche.

Schuldgeschichte, kirchlich und politisch, geflissentlich übersehen, geleugnet oder taktisch verschwiegen wird, erscheint die gegenwärtige Entwicklungsarbeit von europäischer Seite allzu leicht als Fortsetzung des europäischen Kolonialismus mit friedlicheren Mitteln.

Schließlich ist das europäisch-abendländische Kirchentum mit den Kirchen der Dritten Welt – in meinen Augen – durch eine kirchliche *Aufbruchsgeschichte* verbunden. In ihrem Zentrum steht jedoch nicht das europäische Kirchentum, sondern das der Dritten Welt. Gewiß, dieser Aufbruch in der Kirche ist nicht eigentlich die Stunde einzelner großer Propheten und Reformatoren. Es ist schon eher die Stunde der kleinen Propheten, des messianischen Aufbruchs von der Basis. Diese allerdings bedarf, im Blick auf die Einheit und die Verfassung unserer Kirche, der Loyalität und des Beistandes der Träger des kirchlichen Amts. In ihrem Charisma verbindet sich dieser Aufbruch mit dem Gesamtschicksal der Kirche und gliedert sich ein in die apostolische Sukzession. Gerade hierfür liefert die lateinamerikanische Kirche herausragende Beispiele. Es wächst die Zahl der Bischöfe, die den Aufbruch einer Basiskirche nicht als Attentat auf ihre Autorität und ihr Amt empfinden, sondern als eine Chance zur wurzelhaften Erneuerung des kirchlichen Lebens im Angesichte großer Gefahren.

5. *Reformatorischer Aufbruch?*

Ich möchte diesen Aufbruch reformatorisch nennen, weil er sich auf die Gesamtkirche und schließlich auf das Gesamtchristentum beziehen läßt, weil er speziell das Krisenerbe des abendländisch-europäischen Kirchentums in ein neues Licht rücken kann.

So erscheint zum Beispiel in der Perspektive der kulturell polyzentrischen Weltkirche die neuzeitliche Kirchenspaltung primär als ein innereuropäisches Schicksal des Christentums. Sie verliert dadurch nicht an Gewicht, wird aber doch vielleicht entkrampft, gerät unter neue Prioritäten der Ökumene. Die Überwindung eines eurozentrischen Kirchenbildes kann indirekt auch die europäischen Kirchengeschichten wieder näher zusammenführen und zu einer neuen Einheit bringen [6].

Vergessen wir Katholiken vor allem dies nicht: Es gibt so etwas wie ein europäisches Dilemma des Katholizismus. Die katholische Kirche hat die europäische Geschichte der Neuzeit mehr oder minder defensiv begleitet. Sie hat sich an der sogenannten neuzeitlichen Freiheitsgeschichte, speziell an den Prozessen der bürgerlichen Aufklärung, nicht eigentlich produktiv beteiligt,

---

[6] Zur ökumenischen Relevanz der neuen weltkirchlichen Situation vgl. vor allem die einschlägigen Ausführungen bei *K. Rahner,* Schriften zur Theologie 14, 333ff., 319ff., spez. 328. – Zwei Modifizierungen der Rahnerschen Vorschläge hinsichtlich der ökumenischen Bedeutung des Weltkirchewerdens der Kirche: a) In einem gewissen Unterschied zu Rahner, der eigentlich schon genügend Gemeinsamkeit zwischen den beiden großen christlichen Konfessionen gegeben sieht, wenn man sie denn richtig interpretiert (vgl. *Rahner–Fries,* Einigung der Kirchen – reale Möglichkeit [QD 100] Freiburg i. Br. [5]1983), bin ich der Auffassung, daß es durchaus noch wichtiger Prozesse der Selbstveränderung, der Selbstreform der Kirchen bedarf, um zu der gesuchten Einheit zu kommen, daß die Einheit überhaupt nicht etwa ein rein hermeneutisch erkenntnistheoretisches Problem, sondern, wenn schon, ein Problem der Theorie-Praxis-Dialektik ist, also mutige Schritte zur Selbstreform der Kirchen als Grundlage hat. Vor allem aber geht es auch um ein neues Verhältnis zum Judentum, das zum Wachstum der innerchristlichen Einheit gehört, und deshalb: b) Im Übergang der Kirche zur kulturell polyzentrischen Weltkirche kann sich – endlich – das ökumenische Verhältnis zwischen Christen und Juden, zwischen Kirche und Synagoge produktiv verändern. Denn das auf hellenistischem Boden begründete Heiden-Christentum des Abendlands blieb tatsächlich zu sehr durch seinen Gegensatz zum jüdischen Ursprung geprägt und definiert (und darin liegt wohl auch eine der Wurzeln eines latenten Antisemitismus durch die Kirchen- und Christentumsgeschichte).

sondern sich zumeist gegen sie gesperrt. Waren die sogenannten katholischen Zeiten innerhalb der neueren europäischen Geschichte nicht immer Zeiten des „Gegen": die Zeiten der Gegenreformation, die Zeiten der Gegenaufklärung und der Gegenrevolution, die Zeiten der politischen Restauration und der Romantik? Gewiß, man mag und kann darin auch viel Sensibilität für die inneren Widersprüche und Verhängnisse dieser europäischen Freiheitsgeschichte sehen, ein latentes Gespür für deren innere Dialektik, etwa für die sogenannte Dialektik der Aufklärung, um die wir hierzulande zumindest seit Auschwitz wissen müßten. Wer aber möchte darin nicht auch historische Versäumnisse erkennen, die gerade uns Katholiken die Verbindung von Gnade und Freiheit so schwer machten? Die Überwindung dieses katholischen Dilemmas in der späteuropäischen Situation weist für mich über den monokulturellen Raum des europäischen Kirchentums hinaus, hinein in eine Weltkirche, die die Gnade Gottes als ganzheitliche Befreiung der Menschen anzurufen und darzustellen lernt und die bereit ist, den Preis für diese geschichtliche Konjugation von Gnade und Freiheit zu bezahlen.

Die Kirchen der Dritten Welt senden dazu erneuernde Impulse zu uns, die wir freilich nicht empfangen und aufnehmen können, wenn wir sie allzu rasch den uns vertrauten und nicht selten verbrauchten Vorstellungen einfach unterordnen.

Da ist einmal eine neue *Konzentration auf die eine und ungeteilte Nachfolge Jesu* und eine aus dieser Nachfolge des armen, heimatlosen und gotthörigen Jesus sich nährende politische Spiritualität mit ihrer vorzugsweisen Option für die Armen. Im spezifischen Unterschied zu anderen großen Weltreligionen kann man ja für das Christentum auch zu fromm, zu mystisch sein. Die eine und ungeteilte Nachfolge Jesu enthält immer ein mystisches und ein (zumindest im weiteren Sinn) politisches Element, ein Element des leidensbereiten Widerstands gegen die Götzen und Dämonen einer ungerechten und menschenverachtenden Welt. Die Spannung zwischen Nachfolge und Welt, zwischen Mystik und Politik kennzeichnet die Größe und die Verletzlichkeit des Christentums. Jesus war nicht Buddha. Jesus lehrt, bedenkt man die Pointe der Parabel vom barmherzigen Samariter recht, eine „Mystik der offenen Augen".

Den Christen ist deshalb der Rückzug aus der Leidensgeschichte der Menschen in die Psychologie nicht vergönnt: sie können und dürfen den „gefährlichen Jesus" der Nachfolgegeschichten nicht umdeuten in jenen „sanften Jesus" der menschlichen Selbstverwirklichung, der sich schließlich geräuschlos verabschiedet, wenn der Mensch „sich selbst", wenn er seine „Identität" gefunden hat. Deshalb formuliert z. B. das Hoffnungsdokument der deutschen Synode: „Jesus war weder ein Narr noch ein Rebell, aber offensichtlich beiden zum Verwechseln ähnlich. Schließlich wurde er von Herodes als Narr verspottet, von seinen Landsleuten als Rebell ans Kreuz ausgeliefert. Wer ihm nachfolgt ..., muß damit rechnen, dieser Verwechslung zum Opfer zu fallen ... – immer neu, immer mehr."[7] Eine Kirche, die mit einer solchen Rede nicht einem folgenlosen ästhetischen Radikalismus huldigen will, kann Traditionen für diesen gefährlichen Jesus in der Geschichte der Orden anrufen, und sie kann sich auf die neuen, allemal mystisch-politischen Leidenserfahrungen in dem aufbrechenden basisgemeindlichen Leben der armen Kirchen berufen und davon lernen.

---

[7] Synodendokument „Unsere Hoffnung" III, 1.

Und dies ist schon der andere wichtige Impuls aus diesen nichteuropäischen Kirchen: *die Ausfaltung eines neuen Lebensmodells der Kirche* in den sogenannten basiskirchlichen Gemeinschaften, in Verbindung mit den Bischöfen und so eingegliedert in die apostolische Sukzession. Eingegliedert aber auch in die Geschichte der Glaubenszeugnisse; denn dieser kirchliche Aufbruch ist inzwischen beglaubigt durch das Blutzeugnis vieler Männer und Frauen, und das Martyrologium, das man über diese Kirche schon schreiben kann, ist buchstäblich wie der rote Faden, der sich aus der Gegenwart der Kirche zurückverfolgen läßt in die Passionsgeschichte Jesu. Ein alter Satz unserer christlichen Tradition lautet: Das Blut der Märtyrer ist der Same der Kirche. Dieser Satz mag als Kriterium dafür gelten, wo heute die Kirche und das Christentum in besonders verheißungsvoller Weise lebendig sind.

Es geht bei diesen Impulsen um eine neue *Einheit von Erlösungs- und Befreiungserfahrung*: die Befreiungstheologie, die diesen zentralen Impuls artikuliert und die ihm zugrunde liegenden kirchlichen Prozesse reflektiert, ringt um die lebendige Einheit von Erlösungs- und Befreiungsgeschehen und sucht sie ins kirchliche Bewußtsein zu heben. Diese Befreiungstheologie – wie die neue politische Theologie überhaupt – ist ja nicht dadurch politisch, daß sie die Religion einer fremden politischen Ideologie ausliefert, sondern dadurch, daß sie in unserer Religion den messianischen Gott als „gefährliche Erinnerung" zu formulieren sucht[8]. Der Glaube an

[8] Vgl. dazu grundsätzlich meine Beiträge in: *J. B. Metz* (Hrsg.), Theologie der Befreiung – Hoffnung oder Gefahr für die Kirche (Düsseldorf 1986) sowie in: *P. Rottländer* (Hrsg.), Theologie der Befreiung und Marxismus (Münster 1986) und meinen in der folgenden Anm. (9) zitierten Text.

den messianischen Gott, an den Gott der Auferweckung der Toten und des Gerichts, an den Gott, vor dem auch die Vergangenheit nicht sicher ist, vor dem die vergangenen Leiden nicht subjektlos verschwinden im Abgrund einer anonymen, unendlich gleichgültigen Evolution: dieser Glaube ist nicht Opium in den Befreiungsgeschichten der Menschheit, er verbürgt vielmehr die unverrückbaren Maßstäbe im unablässigen Kampf um die subjekthafte Würde aller Menschen, um eine universale Befreiung. Die Kirchenerfahrung der armen Kirchen liefert m. E. heute ein eindrückliches Beispiel dafür, daß der Glaube an eine universale Gerechtigkeit Gottes, die auch die vergangenen Leiden rettend einschließt, kurzum der Glaube der Christen an eine Auferweckung der Toten, gerade nicht wie eine Vertröstung wirkt, nicht wie ein Opium des Volkes. Schließlich ist es eben dieser Glaube, der die Christen der Einschüchterung durch die Mächtigen widerstehen läßt, der sie ihr Leben geringachten läßt, um dem Geringsten der Schwestern und Brüder zu dienen. Eine derart politisch gewordene Liebe ist ein lebendiges Zeugnis dafür, daß die befreiende Gerechtigkeit Gottes auch in dieser leidvoll zerrissenen Welt am Werk ist.

6. Herausforderungen an die europäische Kirche

Solche Impulse, wird man sagen, seien nicht auf unsere eigene spätabendländische Situation zu übertragen; die Lebensverhältnisse seien zu komplex, die Geister zu aufgeklärt und zu entmythologisiert. Nun, von einer simplen „Übertragung“ spricht auch niemand. Schon eher von so etwas wie einer schöpferischen Assimilation – in dem einen großen Lernraum der Weltkirche. Dazu bedarf es freilich zunächst einer neuen Wahrnehmung, d. h. einer Sensiblität dafür, daß unsere mitteleuropäische Kirchturmspitze nicht wie selbstverständlich die Spitze der Entwicklung der Kirche und des Christentums darstellt. Gewiß, wir können und dürfen dem abendländisch-europäischen Schicksal unserer Kirche nicht geschichtslos entfliehen wollen – auch und gerade nicht um der weltkirchlichen Aufbrüche willen. Wie aber, wenn sich auch für uns gerade in der Aufmerksamkeit für die Erfahrungen, für die Kämpfe und Leiden der armen Kirchen zeigte, daß es auch heute eine Stunde der Erneuerung unseres kirchlichen und christlichen Lebens gibt? Und wie, wenn sich eben darin der konkrete Sinn dessen enthüllte, was wir mit „katholisch" meinen? Ich möchte wenigstens auf drei Herausforderungen aus den nicht-europäischen Kirchen hinweisen, die m. E. auch als Orientierungspunkte für eine längerfristige kirchliche und theologische Entwicklung bei uns gelten könnten.

1. Zum ersten möchte ich auf einen *neuen theologischen Umgang mit Bibel und Tradition* hinweisen. Das Evangelium wird in diesen Kirchen in einer verblüffenden Weise wieder „beim Wort genommen" und in einer für uns zumeist befremdlichen Art direkt auf die Lebensverhältnisse bezogen. Ist diese „Anwendung" des Evangeliums in unseren Augen nicht allemal zu unmittelbar, sozusagen zu naiv, zu vereinfachend (zu „reduktionistisch") in Anbetracht unserer eigenen, bis in die extreme Unanschaulichkeit gesteigerten überkomplexen Situation und im Blick auf all die Verstehensprobleme gegenüber Schrift und Tradition, die sich bei uns seit der Aufklärung unter dem Stichwort „Hermeneutik" angehäuft haben? Doch was ich in diesem neuen Umgang mit der Bibel am Werk sehe, ist nicht schlechte Unmittelbar-

keit, ist auch nicht etwa voraufklärerische Naivität, sondern eine andere uns hierzulande kaum vertraute Form der Verstehenslehre, also der theologischen Hermeneutik. Ich nenne sie hier einmal „Hermeneutik der Gefahr"[9], die übrigens auch ein verläßliches biblisches Fundament hat: Der Blitz der Gefahr durchleuchtet die ganze biblische Landschaft, speziell die neutestamentliche Szene. Gefahr und Gefährdung durchziehen alle neutestamentlichen Aussagen. Was verstehen wir vom Neuen Testament, wenn in unserer Deutung die Gegenwart der Gefahr systematisch ausgeblendet ist?

Die Hermeneutik der Gefahr, die ich in diesen Aufbrüchen beobachte, ist in der Tat „vereinfachend": Praxis kehrt heim in die reine Theorie, Widerstand und Leiden kehren heim in die Erfahrung der Gnade und des Geistes. Diese Hermeneutik zieht und drängt das Christentum zusammen, wirft es auf das Wesentliche zurück. Wer möchte eine solche „Reduktion" theologisch unterschätzen? Für mich gehört sie zum Anzeichen eines

[9] Zu diesem hermeneutischen Ansatz vgl. meine Ausführungen in: „Unterwegs zu einer nachidealistischen Theologie" in: *J. B. Bauer* (Hrsg.), Entwürfe der Theologie (Graz–Wien–Köln 1985) und grundsätzlich O. John „... und dieser Feind hat zu siegen nicht aufgehört." Die Bedeutung Walter Benjamins für eine Theologie nach Auschwitz (maschinenschr. Diss., Münster 1982). – Vielleicht darf ich diese Art von Hermeneutik kurz im Blick auf meine eigene theologische Biographie erläutern. Wenn ich mich frage, warum ich Theologie so treibe, wie ich dies seit Jahren versuche, dann steht am Anfang das Erschrecken darüber, daß mir gerade auch die Theologie so unsensibel vorkam – so unsensibel gegenüber den Gefahren der Barbarei und der Unmenschlichkeit, die uns in unserer jüngsten deutschen Geschichte bedroht haben. Ich fühlte mich bedrückt von der „idealistischen" Verblüffungsfestigkeit unserer Theologie im Angesichte von Katastrophen und Abgründen wie denen von Auschwitz; ich wurde immer mehr irritiert von der Art, in der wir Theologen glauben, über diese Katastrophen hinweg und sozusagen mit dem Rücken zu ihnen ungerührt Theologie weitertreiben zu können. Auch in diesem Sinne meine ich, daß die Wahrnehmung von Gefahr eine Grundkategorie der theologischen Hermeneutik sei.

Aufbruchs, in dem das Christentum sich „an der Wurzel faßt". Wie aber ist es bei uns? Spielt in unserem Bibelverständnis die Wahrnehmung von Gefahr und Gefährdung, die auf das Wesentliche zusammendrängt, überhaupt noch eine Rolle? Wir suchen z. B. zu „Vereinfachungen" zu kommen durch sog. „Kurzformeln des Glaubens". Aber man kann das Christentum nicht einfach auf eine reine Lehre zusammendrängen. Seine „Mitte" liegt in dem, was wir „Nachfolge" nennen. Und wer die „nur Praxis" nennt, hat von ihr nichts verstanden. Und er hat m. E. auch nicht die vielbesprochene Identitätskrise unseres Christentums erfaßt; sie nämlich ist nicht primär eine Krise der christlichen Doktrin, sondern eine Krise der christlichen Subjekte und Institutionen, die sich dem unweigerlich praktischen Sinn der Doktrin, sprich: der Nachfolge, zu sehr entziehen und so die „gefährliche Erinnerung", die das Christentum für die Menschheit darstellt, verblassen lassen.

2. Gerade die *Konzentration auf christliche Identitätsbildung aus dem Wagnis der ungeteilten Nachfolge,* die immer geistlich und weltlich, mystisch und politisch zugleich ist, wäre eben die zweite Herausforderung, die an uns aus dem Aufbruch der armen Kirchen herantritt[10]. Sie verdeutlicht für die Gesamtkirche, daß der paulinische Nachfolgeimperativ „Paßt euch nicht an dieser Welt" (Röm 12, 2) nicht etwa in gesellschaftliche und politische Schicksallosigkeit führt, daß er nicht auf eine quasi stoische Entspanntheit gegenüber „dieser Welt" zielt, sondern daß er in die Konfrontation mit den in ihr

---

[10] Vgl. hierzu vom Verfasser ausdrücklich: Identitätsbildung aus Nachfolge, in *R. Zerfaß* (Hrsg.), Mit der Gemeinde predigen (Gütersloh 1982). Hierher gehört auch mein Text „Aufstand der Hoffnung" (Katholikentagsreferat, Düsseldorf 1982), aus dem ich eine Passage wörtlich übernommen habe (auch abgedruckt in: Herder-Korrespondenz [1982] 10).

herrschenden Mythen – archaischer oder moderner Provenienz – zwingt.

Diese Konzentration auf Nachfolge ist übrigens auch den Selbstaussagen der Kirche hierzulande nicht fremd. „Nachfolge genügt", sagt z. B. das Hoffnungsdokument der deutschen Synode ziemlich kühn, wenn es christliche Identität zu kennzeichnen sucht. Damit ist die Definition des Christentums nicht etwa verharmlost oder verkürzt. Denn diese Praxis der Nachfolge berührt den Wahrheitskern des Christentums selbst. Schon der Gottesgedanke der Bibel ist in sich selbst ein praktischer Gedanke, d. h., er kann gar nicht gedacht werden, ohne daß er die vorgefaßten Interessen derer, die ihn zu denken suchen, verletzt und verändert. Deshalb auch sind die Geschichten der Umkehr, die Geschichten der Befreiung und des Aufbruchs, die Geschichten des Widerstands und des Leidens keine nachträglichen Ausschmückungen irgendeines „reinen" Gottesbegriffs. Der Gottesbegriff, den Christen tradieren, ist nur das Kürzel, sozusagen das Stenogramm für Geschichten, die wir häufig in diesen Begriffen kaum mehr wiedererkennen können, weder als Leidensgeschichten noch als Hoffnungsgeschichten. So besteht die Aufgabe der christlichen Gottesrede gerade darin, solche Begriffe immer wieder auf ihre Ursprungsgeschichten hin durchsichtig zu machen.

Indes, können wir hierzulande von dieser Herausforderung anders als in hochfahrender Weise reden? Nun, das Besondere, das Herausfordernde, das, wofür wir eigentlich keine Vorbilder haben und was uns deshalb immer wieder in Unsicherheit und in Angst stürzt, ist heute die Tatsache, daß das Wagnis dieser ungeteilten Nachfolge keine elitäre Angelegenheit mehr sein kann, sondern gewissermaßen eine „populäre" Angelegenheit aller werden muß. Die Mystik des Widerstands und der Unterbrechung, der Umkehr und des Leidens darf nicht mehr als elitäre Mystik im Sinne der klassischen Arbeitsteilung zwischen Ordenskirche und Volkskirche aufgefaßt werden. Sie muß heute zu einer Mystik aller werden. Freilich, war dies nicht auch schon das Ziel der Reformation des 16. Jahrhunderts? Und ist dieser reformatorische Aufbruch nicht eben daran gescheitert, weil im Laufe der Zeit nicht etwa die Nachfolge, sondern das bürgerliche Temperament unser christliches Leben bestimmte? Und ist deshalb das, was hier als Herausforderung der Nachfolge angesprochen ist, nicht doch nur ein ohnmächtiges und abstraktes Ansinnen? Kann man überhaupt nochmals vom Baum dieser reformatorischen Erkenntnis essen? Ja, die Christen von heute können es, müssen es versuchen. Allerdings nicht dadurch, daß die radikale Zumutung dieser messianischen Nachfolge von oben ins Volk hineinorganisiert wird, sondern dadurch, daß „die Spuren des Messianischen" sozusagen an der Basis selbst gesucht und verstärkt werden; und zum andern auch nicht gegen die Orden, sondern mit ihnen, denn schließlich gibt es in der Weltkirche schon genug Beispiele dafür, daß gerade die Orden zu Geburtshelfern einer kirchlichen Erneuerung an der Basis werden, daß die Mystik der ungeteilten Nachfolge schließlich zu einer Mystik aller Christen wird. Wie sagte doch K. Rahner: Der Fromme von morgen wird ein Mystiker sein.

3. Mit dieser Konzentration auf die Nachfolge hängt nun unmittelbar eine dritte Herausforderung zusammen, die aus den Kirchen der Dritten Welt an die europäischen Kirchen herantritt. Sie zielt auf eine Differenzierung in den Formen unseres kirchlichen Lebens, näherhin auf *die Herausbildung eines neuen Kirchenmodells.* Neben dem vertrauten volkskirchlichen und dem

– meist kaum eingestandenen, aber tatsächlich am nachhaltigsten wirksamen – bürgerkirchlichen Modell geht es um ein sogenanntes basiskirchliches Modell[11]. Weil ich mich zu dieser Frage schon des öfteren zu Wort gemeldet habe, möchte ich mich hier auf diesen Hinweis beschränken: Das basiskirchliche Modell steht hier für den Versuch der Verlebendigung der Kirche als Nachfolgegemeinschaft. In dieser Lebensform der Kirche können nicht zuletzt die in unseren traditionellen Gemeinden häufig herrschende Beziehungslosigkeit, die gegenseitige Verhältnislosigkeit, die emotionale Vereinsamung, die Kommunikations- und Handlungssperre überwunden werden. Das aber ist für die Kirche als Nachfolgegemeinschaft, die in den Orden ihre großen Vorbilder und auch gegenwärtig ihre wichtigsten „Entwicklungshelfer" für ein basisgemeindliches Leben hat, von entscheidender Bedeutung. Keiner folgt ja für sich allein nach – im Sinn der ungeteilten mystisch-politischen Nachfolge; keiner kehrt allein um im Sinne der messianischen Umkehr; keiner ist für sich allein radikal im Sinn der Radikalität messianischer Hoffnung. Ungeteilte Nachfolge ist nicht eigentlich ein isolierter individueller, sondern ein solidarischer Akt. Das Miteinander und Füreinander ist nicht primär dazu da, um vom radikalen Anspruch der Umkehr und der Nachfolge zu entlasten, sondern um ihm – im gegenseitigen Zutrauen und Zumuten – überhaupt entsprechen zu können. Darum auch ist „Kirche" kein sekundärer, sondern ein authentischer Ausdruck christlichen Lebens. Und mit „Basisgemeinde" läßt sich m.E. dieses Anliegen in ein gutes Wort fassen. Es war

[11] Vgl. zu diesen Überlegungen schon *K. Rahner,* Strukturwandel der Kirche als Aufgabe und Chance (Freiburg i.Br. 1972). Dazu auch durchgängig *J. B. Metz,* Jenseits bürgerlicher Religion (Mainz ^{4}1984) und die einschlägigen Beiträge aus „Unterbrechungen" (Gütersloh 1981).

längst getauft, ehe es in den letzten Jahren auch hierzulande kirchlich und gesellschaftlich zu einer gewissen Konjunktur kam: getauft und legitimiert in den leidvoll-kämpferischen Kirchenerfahrungen der armen Kirchen. Gewiß gibt es zur basisgemeindlich orientierten Kirche viele theologische und pastorale Fragen. Sie sollen bei der Beschreibung der „Suchbewegung nach einem neuen Gemeindebild" näher besprochen werden.

WEITERFÜHRUNG

DIFFERENZIERUNGEN IM POLYZENTRISMUSVERSTÄNDNIS

1. *Polyzentrismusfähigkeit?*

Die vorausgehenden Überlegungen mögen den Eindruck erwecken, daß sie über der Konzentration auf das soziokulturelle Spektrum „Erste Welt – Dritte Welt" den Reichtum und vor allem auch die Problematik der Rede vom kulturellen Polyzentrismus noch nicht hinlänglich in den Blick genommen haben[1]. Gewiß, und davon war ja schon die Rede, kann dieser Polyzentrismus nicht als beziehungsloser oder gönnerischer Pluralismus von Kulturwelten in dieser einen Weltkirche verstanden werden. Aber in welchem Sinn gibt es denn überhaupt noch einen realen kulturellen Polyzentrismus in der heutigen Welt? Wird er nicht immer mehr aufgelöst bzw. absorbiert von jener westlichen Rationalität, ihrer Technik und ihrer Kultur- und Informationsindustrie, die heute unsere gesamte Welt umspannt und die nicht nur die Praxis, sondern offensichtlich auch die Mentalitäten der Völker verändert?[2] Doch selbst unterstellt, daß es in den außereuropäischen Kulturen genügend Gestaltungs- und

[1] Im folgenden möchte ich Gesichtspunkte aufnehmen, die ich in Weiterführung der Polyzentrismusthese in meinem Referat beim Katholikentag in Aachen (1986) über „Theologie im Kontext von Kulturen und gesellschaftlichen Verhältnissen" vorgetragen habe. Der Text dieses Referats erscheint demnächst im offiziellen Dokumentationsband des Katholikentags.

[2] Vgl. dazu die Beobachtungen bei *H. M. Enzensberger,* Eurozentrismus wider Willen, in: *Ders.,* Politische Brosamen (1982).

Widerstandsreserven gegen diese profane Europäisierung der Welt gibt: Wie verbindet sich dann genauerhin die Kirche im Aufgang zur realen Weltkirche mit diesen Kulturen, wenn sie offenbar das Projekt der technologischen Weltzivilisation nicht als unschuldigen Katalysator für die universale Verbreitung ihrer Botschaft betrachten kann?

In der gegenwärtigen theologischen Diskussion wird diese Frage vor allem unter dem Stichwort der *„Inkulturation"* verhandelt. Nicht selten verbindet sich mit diesem Begriff die Vorstellung von einem „reinen" bzw. „nackten" Christentum, das sich gewissermaßen erst im nachhinein zu einer vorgefaßten kultur- und geschichtsenthobenen Identität die verschiedenen Kulturgewänder umlegt. Doch diese Vorstellung ist eine Fiktion[3]. Ein zu Kultur und Geschichte präexistentes Christentum gibt es nicht, und deshalb ist auch die häufig insinuierte Sinnparallelität zwischen „Inkulturation" und „Inkarnation" irreführend[4].

Die Kultur, deren sich das Christentum nicht einfach entledigen kann, so wie man sich eines Gewandes entledigt, ist die aus jüdischen und griechisch-hellenistischen Traditionen assimilierte europäisch-abendländische Kultur. Wenn nun aber die Kirche diese historisch kontin-

[3] Ausführliches dazu im folgenden Beitrag „Wohin ist Gott, wohin denn der Mensch. Über die Zukunftsfähigkeit des abendländisch-europäischen Christentums" (s. S. 124).

[4] Der Gottessohn hat nach kirchlicher Lehre ein zu Geschichte und Kultur präexistentes Wesen, nicht aber die Kirche. Er ist das Wort, das Fleisch wird; die Kirche ist immer schon Kirche des fleischgewordenen Wortes! – Auf die Frage, wieso die hier angeschnittene Inkulturationsproblematik nicht einfach mit Hilfe der Unterscheidung von „Glaube und Religion" bzw. von „Religion und Kultur" (als Ausdruck eines typisch europäischen Säkularisierungsprozesses) gelöst werden kann, kann ich hier nicht eingehen. Vgl. dazu den nachfolgenden Beitrag.

gente Gewandung nicht einfach abstreifen kann, um dann in dieses oder jenes neue Kulturgewand zu schlüpfen, wie kann es dann überhaupt eine kulturell polyzentrische Weltkirche geben? Wie eine vielfältige „Inkulturation" des Evangeliums, die sich nicht als kulturelle Expansion Europas entlarven ließe? Ist das, was wir kulturellen Polyzentrismus nennen, am Ende etwas anderes als die Fortsetzung einer monokulturellen Kolonialisation der Seelen fremder Völker und Kulturen mit weniger drastischen Mitteln als in der bisherigen Kirchengeschichte?

Die Antwort, die ich versuchsweise geben möchte, lautet: Ethnisch-kultureller Polyzentrismus ist möglich, wenn die Kirche, die nun reale Weltkirche werden will und die gleichwohl ihre europäisch-abendländische Geschichte nicht abstreifen kann, zwei Grundzüge ihres biblischen Erbes innerhalb dieser europäischen Kulturwelt erinnert und immer mehr zur Geltung bringt: Wenn sie sich – zum einen – aus ihrem biblischen Erbe als eine Religion versteht und bewährt, die im Namen ihrer Sendung *Freiheit und Gerechtigkeit für alle* sucht; und wenn sie sich – zum andern – als eine Religion versteht und bewährt, die in sich eine besondere Kultur entfaltet, nämlich *die Kultur der Anerkennung der Anderen in ihrem Anderssein,* also die schöpferische Anerkennung ethnisch-kultureller Pluralität, wie sie uns aus der Urgeschichte des Christentums vertraut sein müßte[5]. Diese Anerkennungskultur, die per definitionem universale Verbreitung nicht dadurch sucht, daß sie den fremden oder schwachen Andern unterdrückt und ihm die Kosten für den europäischen Fortschritt aufbürdet, macht

[5] Zur Verwurzelung einer Freiheit und Gerechtigkeit für alle suchenden Kultur und einer sogenannten Anerkennungskultur im biblischen Erbe vgl. meine Ausführungen in dem unter Anmerkung 1 genannten Text.

es möglich, daß die im biblischen Auftrag angelegte Sendung „bis an die Grenzen der Erde" der Weisheit und den Leidenserfahrungen anderer Kulturen verheißungsvoll begegnet. *Nicht eine gedankenlose Geringschätzung unseres europäischen Christentums also, sondern gerade der Versuch, es unter seinen höchsten Idealen anzunehmen und auf sie festzulegen, macht das konkrete Christentum polyzentrismusfähig!* In diesem Sinn bedeutet die Polyzentrismusthese alles andere als eine Entwichtigung oder Verabschiedung des europäischen Christentums.

2. *Option für die Armen – Option für die Andern*

Um meinen Antwortversuch noch etwas zu verdeutlichen, könnte ich in einer uns heute vertrauten Sprache auch sagen: die Kirche muß in sich zwei Optionen entfalten und öffentlich zur Geltung bringen, um der Herausforderung eines kulturellen Polyzentrismus gerecht zu werden, ohne ihre eigene kulturell-geschichtliche Prägung zu leugnen. Sie muß *eine Option für die Armen und eine Option für die Andern in ihrem Anderssein* konkret gestalten und beide miteinander in Verbindung bringen. Hier ist nicht nur viel soziale, sondern auch viel ethnische Blindheit in unserem traditionellen Christentum und das ethnische Defizit einer traditionellen christlichen Anthropologie zu überwinden. Dabei soll diese Option für die Andern nicht etwa die Kirche von der Option für die Armen entlasten. Hier ist – für die theologische Arbeit im Angesicht einer kulturell polyzentrischen Weltkirche – noch vieles genauer zu analysieren und jedenfalls darauf hinzuweisen, daß beide Optionen nicht selten wie zwei Seiten einer Münze zu betrachten sind. Gleichwohl können m. E. die ethnisch-kulturelle Vielfalt und die sozialen Klassendifferenzen nicht einfach unterschiedslos ineinander aufgehoben werden; die ethnisch-kulturellen Eigentümlichkeiten sind nicht nur ein ideologischer Überbau zu ökonomischen Basisproblemen, wie uns das die marxistische Theorie, aber auch die westliche Praxis suggerieren möchten[6].

Übrigens steht die Frage nach der Macht und Ohnmacht einer Kultur der Anerkennung der Andern in ihrem Anderssein und entsprechend die kirchliche Option für die Andern auch hierzulande dringlich an. Im Binnenraum Mitteleuropas begegnen wir ja selbst ständig Menschen aus anderen Kulturen und fremden Völkern. Die Frage der Gastarbeiterfamilien aus nichteuropäischen Kulturen, jetzt vor allem auch die Asylantenfrage, also die Frage nach der Handhabung des Asylrechts für verfolgte Menschen aus fremden Ländern und Kulturen, sind eine aktuelle Stellprobe für unsere politische Kultur und für die kirchliche Option für die Andern. Dabei müßte uns gerade angesichts unserer eigenen deutschen Geschichte ein Wort wie Auschwitz daran erinnern, daß mitten im Herzen des christlichen Europa diese Kultur der Anerkennung der Andern völlig erloschen schien.

Schließlich stellt der Prozeß eines kulturellen Polyzentrismus in der Kirche auch *die Theologie* vor neue Aufgaben. Sie muß in dieser Situation des Übergangs aus der zweiten in die dritte Epoche der Kirchengeschichte die kommunikative Kraft ihrer Aussage- und Argumenta-

---

[6] Vgl. zu dieser Fragestellung die jüngsten Arbeiten von *G. P. Süß*, dessen Erfahrungen in der lateinamerikanischen Indianerpastoral ich wichtige Einsichten verdanke: Glaubensverkündigung, Inkulturation und Befreiung, in: Orientierung (1986) Nr. 21 f.

tionsweise prüfen und sogenannte Brückenkategorien entfalten, Kategorien einer verheißungsvollen zwischenkulturellen Vermittlung. Die Kirche ist ja, von ihrem Ursprung her, eine Erinnerungs- und Erzählgemeinschaft in der Nachfolge Jesu. Gerade als solche scheint sie in hohem Maße interkulturell kommunikativ bzw. inkulturationsfähig zu sein. Deshalb muß die Theologie versuchen, die kommunikative Würde der Erinnerung und der Erzählung vor dem Verdacht des Reduktionismus und der Entdifferenzierung zu schützen; ja, sie muß die kommunikative Überlegenheit der Erinnerungs- und Erzählsprache des Glaubens gegenüber der subjektlosen Argumentationssprache der griechischen Metaphysik und auch der Wissenschaftssprache der okzidentalen Rationalität im Blick auf den interkulturellen Austausch und den Prozeß der produktiven Assimilation von unterschiedlichen Kulturwelten deutlich herausarbeiten[7].

Immer wieder steht schließlich die Theologie vor der Frage, wie sich der universale christliche Heilsanspruch in der Begegnung mit nichtchristlichen Religionen und Kulturen so auslegen kann, daß er diese nicht umstands-

[7] Ausführlicheres zu dieser theologischen Aufgabe und zum Umgang mit den dogmatischen Lehrformeln der Kirche im folgenden Beitrag „Wohin ist Gott, wohin denn der Mensch?" – Neben den hier erwähnten Brückenkategorien hätte die Theologie m E. auch an sog. *Brückenthemen* zu arbeiten, an Themen, die den interkulturellen Austausch und den Weg in die produktive Assimilation von Kulturwelten leiten könnten. Ein wichtiges Brückenthema dieser Art scheint mir der Umgang mit der Leidensfrage zu sein (vgl. dazu nochmals den in Anmerkung 1 genannten Text). An der kulturperspektivischen Behandlung solcher Brückenthemen wird sich nicht zuletzt der Sinn der Rede von einer genuin asiatischen, afrikanischen usw. christlichen Theologie entscheiden. Immer bleibt bei der Rede von solchen kulturspezifischen Theologien darauf zu achten, daß der uns vertraute Theologiebegriff und die in ihm vorausgesetzte Unterscheidung von Theologie und religiöser Lebenspraxis selbst kulturspezifisch und ethnozentrisch bedingt ist, d. h. daß dieses Theologieverständnis sich selbst der europäisch abendländischen Tradition verdankt.

los geistesimperialistisch ein- und unterordnet, sondern sie in ihrer eigenen Würde wahrnimmt und anerkennt, wie das ja das jüngste Konzil selbst fordert. Hier scheint mir erneut die narrativ-memoriale und praktische Selbstdarstellung des Christentums eine Möglichkeit zu bieten, diesen universalen Anspruch aufrechtzuerhalten, ohne andere Religionen (wie sublim auch immer) einfach zu vereinnahmen[8]. Der Versuch, dieses Problem mit der Theorie des anonymen Christentums (und dem in ihr wirksamen transzendentalen Universalitätsbegriff) zu lösen, scheitert m. E. theologisch vor allem an der Frage nach dem Verhältnis der Kirche zu Israel, am Verhältnis des Christentums zur jüdischen Religion. Diese nämlich kann – für Christen – nie einfach als anonymes Christentum interpretiert werden; Israel muß, folgt man Paulus, als es selbst, als Israel, für die Christen geschichtlich anerkannt und eschatologisch gewürdigt werden[9].

3. *Worum es geht*

Abschließend sei nochmals formuliert, worum es beim geschichtlichen Wagnis einer kulturell polyzentrischen

---

[8] Die Universalität des Heilsangebots im Christentum hat nicht den Charakter eines transzendentalen Begriffs von Universalität. Sie hat den Charakter der „Einladung". Der einladende Logos des Christentums zwingt nicht, hat vielmehr Erinnerungs- und Erzählstruktur in praktisch-befreiender Intention. Christologisch gewendet heißt das: das in Christus „für alle" begründete Heil wird nicht über eine Idee universal, sondern über die intelligible Kraft einer Praxis, die Praxis der Nachfolge. Diese Intelligibilität des Nachfolgechristentums kann theologisch nicht rein interpretativ transportiert werden. Vgl. dazu, zum Konzept eines narrativ-praktischen Christentums, meine Überlegungen in „Glaube in Geschichte und Gesellschaft", [4]1984.

[9] Vgl. dazu auch *J. Moltmann,* Christ sein, Mensch sein und das Reich Gottes, in: Stimmen der Zeit, September 1985.

Weltkirche geht. Es geht darum, weltgeschichtlich das zu wagen, was keimhaft schon in der Situation des frühen Judenchristentums erkennbar ist, nämlich die gegenseitige kulturelle Assimilation der unterschiedlichsten Völker und Randgruppen im damaligen mediterranen Lebensraum[10]. Es geht um die Fortführung des Ringens zwischen Petrus und Paulus, der mit seiner Ablehnung der Beschneidung für die Christen nicht nur den Übergang vom jüdisch-palästinensischen Wander- und Dorfchristentum zum römisch-hellenistischen Stadtchristentum eingeleitet hat, sondern die geschichtliche Entfaltung des Judenchristentums durch eine produktive Assimilation dieser neuen heidnischen Kulturwelt überhaupt. Und es geht darum, dies alles heute zu wagen, in einer Zeit, in der bei uns nach einer Welle der Neugier für fremde Kulturen und Völker schon wieder ein Prozeß der Entmischung einzusetzen scheint, ein Entmischungsprozeß im Namen sozialer, kultureller und nationaler Identitäten.

---

[10] Um mögliche Mißverständnisse bei der Verwendung des Begriffs der Kulturassimilation zu vermeiden, sind bestimmte Regeln bei der Entfaltung des kulturellen Polyzentrismus zu beachten. Einmal wäre darauf zu achten, daß dem schwächeren Partner im kulturellen Austausch die größere Aufmerksamkeit und Bündnisbereitschaft zu schenken ist. Dann gilt, daß eine gegenseitige kulturelle Assimilation nur dann nicht zur tödlichen Integration in eine übermächtige Kultur führt, wenn der Prozeß nicht unter typisch westlichem Zeitdruck – Time is Money – abläuft; es geht also nicht um eine möglichste Beschleunigung, sondern eher um eine behutsame Verzögerung des Austauschvorgangs. Auch reifen nicht alle Kulturen in gleicher Weise und in gleicher Zeit zu diesem Polyzentrismus der Weltkirche. Überhaupt gelingt der produktive Austausch am ehesten zwischen solchen Kulturen, die sich eben nicht total fremd und beziehungslos gegenüberstehen. – Vgl. dazu auch G. P. Süß (Anm. 6).

II

Wohin ist Gott, wohin denn der Mensch?

Zur Zukunftsfähigkeit des abendländisch-europäischen Christentums

Ist das Christentum, wenn es nach seiner Zukunftsfähigkeit fragt, nicht von vornherein auf einer falschen Fährte? Gilt denn nicht: nach Zukunft fragen die Heiden, nach Ewigkeit aber die Christen? So ginge es eigentlich nicht darum, ob das Christentum zukunftsfähig ist, sondern ob es ewigkeitsfähig ist. Reden wir am Ende von der Zukunftsfähigkeit des Christentums nur, weil sich seine Ewigkeitsfähigkeit erschöpft hat? Interessieren wir uns als Christen für das Später nur, weil uns das Jenseits ausgeglüht ist? Und ist uns deswegen, im Zug der Moderne, die Religion nicht längst zur Utopie geraten, zu der bekanntlich niemand betet? Woher sonst die Atrophie der Gebete, die auch für viele Christen nicht einmal mehr Privatsache sind?

Ein Christentum, das solche Fragen in den Wind schlägt, würde den erhobenen Verdacht nur bestätigen. Und doch gibt es gute Gründe, von der Zukunftsfähigkeit des Christentums zu sprechen: von der Suchbewegung seiner Hoffnung in dieser Welt und für sie. Im Wort von der Zukunftsfähigkeit des Christentums ist die Hoffnung der Christen mit dem Geschick der Menschheit verbunden.

Überarbeitete Fassung eines Vortrags anläßlich des 40jährigen Jubiläums der Herder-Korrespondenz am 25. Oktober 1986 in Freiburg im Breisgau.

1. Suchbewegung als Fluchtbewegung?

Lassen Sie mich mit einer ins Auge fallenden Beobachtung beginnen: Das Christentum probt heute authentisches Weltchristentum. Das Christentum, über nahezu 2000 Jahre einem relativ einheitlichen Kulturraum verpflichtet, nämlich dem europäisch-abendländischen, weitet sich heute zu einem kulturell vielfach verwurzelten Weltchristentum. Es steht in der vielleicht tiefgreifendsten geschichtlichen Zäsur seit urchristlicher Zeit. Es steht in einer von „der Hoffnung, die in uns ist" (vgl. 1 Petr 3,15) getragenen Suchbewegung, es ist auf dem Weg von einem kulturell mehr oder weniger einheitlichen, also kulturell monozentrischen Christentum Europas und Nordamerikas zu einem kulturell vielfach verwurzelten und in diesem Sinn kulturell polyzentrischen Weltchristentum. Für die katholische Kirche kann das jüngste Konzil als institutionell greifbarer Ausdruck dieser Suchbewegung gelten, also als das letzte ausschließlich europäisch-abendländisch geprägte Konzil, in dem die Kirche schon anfänglich als kulturell polyzentrische Weltkirche auftritt und gestikuliert[1].

Nun habe ich im Verlauf der letzten Jahre vor allem die Verheißungen herauszuarbeiten versucht, die in dieser Suchbewegung des Christentums liegen: die Anzeichen dafür, daß es schon zu einem gegenseitigen Austausch zwischen den nichteuropäischen und den europäischen Kirchentümern kommt; daß z.B. die Prophetie der armen Kirchen in der Dritten Welt immer mehr auch im alteuropäischen Zentrum des Christentums gehört wird und daß die Theologie der Befreiung als ein legitimer und notwendiger Entwurf nachidealistischer

[1] Vgl. dazu den vorausgehenden Beitrag „Im Aufbruch zu einer kulturell polyzentrischen Weltkirche", S. 93.

Theologie zu verstehen sei[2]. Ich habe auch auf die ökumenische Bedeutung des Aufbruchs verwiesen – nicht nur im Blick auf die innerchristliche Ökumene, sondern gerade auch im Blick auf das ökumenische Verhältnis zwischen Christen und Juden, zwischen Kirche und Synagoge[3].

Hier möchte ich nun ausdrücklicher als bisher auf die ganze Komplexität, gewissermaßen auf die innere Gegenläufigkeit dieser Suchbewegung ins polyzentrische Weltchristentum eingehen. Ich setze an mit der Frage: Ist dieser Aufbruch ins kulturell polyzentrische Weltchristentum wirklich eine von der christlichen Hoffnung getragene Suchbewegung oder nicht einfach eine theologisch verschleierte Fluchtbewegung aus der Zukunftslosigkeit des europäischen Christentums?

Aus dem Mund unserer theologischen Freunde der Dritten Welt hört sich das etwa so an: „Ihr Christen im alten Europa steht wie entlaubte Bäume da, ihr habt keine Visionen mehr, laßt uns nun wenigstens die unseren ..." In der Tat, haben wir mehr als Geld und guten Willen und ansonsten leere Hände? Und fliehen wir nicht, um sie zu füllen, in einen Mythos ferner Länder und Kulturen? Und das zu allem Überfluß auch noch zu einer Zeit[4], in der sich viele Euro-

---

[2] Neben den Überlegungen im vorausgehenden Polyzentrismustext vgl. u. a. meinen Beitrag in: *J. B. Metz* (Hrsg.), Theologie der Befreiung – Hoffnung oder Gefahr für die Kirche? (Düsseldorf 1986); dazu meinen Aufsatz: Unterwegs zu einer nachidealistischen Theologie, in: *J. Bauer* (Hrsg.), *Entwürfe der Theologie* (1985) und meinen Beitrag in: *P. Rottländer (Hrsg.),* Theologie der Befreiung und Marxismus (1986).

[3] Vgl. dazu wiederum die einschlägigen Passagen im vorausgehenden Beitrag.

[4] Vgl. dazu etwa die Beobachtungen von H. M. Enzensberger, Eurozentrismus wider Willen (in: *ders.*, Politische Brosamen, 1982) und auch bei H. J. Heinrichs, Die katastrophale Moderne (1985).

paaussteiger – inzwischen drastisch entmythologisiert – schon wieder auf der Rückreise ins alte Abendland befinden?

Die These über die Suchbewegung nach einem kulturellen Polyzentrismus enthebt nicht von der Frage nach der spezifischen Zukunftsfähigkeit des europäisch-abendländischen Christentums. Ganz im Gegenteil! Damit diese Suchbewegung nicht zu einer Fluchtbewegung gerät, nicht zur mythischen Kompensation für verlorene Hoffnung, steht die Frage nach dem Schicksal des europäischen Christentums in kaum gekannter Dramatik auf dem Spiel. Ich möchte das kurz durch zwei Überlegungen unterstreichen.

Die erste ist theologischer Natur. Sie heftet sich an ein verbreitetes Mißverständnis, das sich mit der Vorstellung von der Einwurzelung des Christentums in nichtwestliche Kulturen verbindet, mit dem also, was im Christentum heute unter dem Stichwort „Inkulturation" verhandelt wird. Der wohlgemeinte Versuch, das reale Weltchristentumwerden vor ethnozentrischen Trugschlüssen zu bewahren, sozusagen eine zweite späte Machtergreifung Europas im Weltchristentum zu verhindern, ist nicht selten von Vorschlägen begleitet wie etwa: das Christentum müsse endlich sein europäisches Gewand ablegen, es müsse seine europäisch-abendländische Hülle endgültig abstreifen usw. Dahinter steckt die Vorstellung von einem geschichtslosen, von einem kulturenthobenen und ethnisch unschuldigen Christentum, die Vorstellung von einem „nackten Christentum", das zunächst nichts als sich selbst am Leibe hat und das sich erst im nachhinein die verschiedenen Kulturgewänder umlegt. Doch diese Vorstellung ist eine Fiktion, genährt von der ungeprüften metaphorischen Rede über „nackte Tatsachen" oder auch über die „nackte Wahrheit"[5]. Man kann das Christentum nicht kulturell entblättern, ohne seine Identität preiszugeben, so wie man von einer Rose nicht alle Blüten pflücken kann, ohne sie selbst zu zerstören. Kulturen sind nicht der Rost, den man vom Eisen des Christentums klopfen kann, um es als blankes dann zurückzubehalten. Ein kulturell entblößtes, ein kulturell nacktes Christentum ist nicht möglich. „Jesus war kein Christ, sondern Jude."[6] Wer nur das Christentum kennt, kennt das Christentum eben nicht. Die Kultur, die sich das Christentum nicht vom Leib reißen kann, ist die aus jüdisch-palästinensischen und griechisch-hellenistischen Traditionen assimilierte abendländisch-europäische Kultur. Die Frage, wie es unter dieser Voraussetzung überhaupt ein kulturell polyzentrisches Weltchristentum geben kann, wie eine Inkulturation, die nicht nur taktisch verhüllte westliche Expansion ist, fällt auf das abendländisch-europäische Christentum zurück[7], und offensichtlich ist die Frage nach der Zukunft des Christentums nicht einfach von der nach der Zukunft des abendländisch-europäi-

---

[5] Zur Erläuterung dieser Metaphorik vgl. H. Blumenberg, in: Archiv für Begriffsgeschichte 6, 1960. „Die Entdeckung der Geschichte inmitten der Aufklärung und gegen ihren Sinnstrom ist die Entdeckung der Illusion der ‚nackten Wahrheit' oder der Nacktheit als Illusion, die Aufhebung der Metapher und ihre Erneuerung in der Richtung, daß die ‚Verkleidungen' der Wahrheit nun nicht mehr rhetorischem Schmuckbedürfnis und dichterischer Phantasie entstammen, ja überhaupt nicht akzidentell-abstreifbare ‚Zutaten' darstellen, sondern den Manifestationsmodus der Wahrheit konstitutiv ausmachen" (a.a.O. 55).

[6] *J. Wellhausen,* Einleitung in die drei ersten Evangelien, 1905, 113.

[7] Zur Frage, wie sich die im abendländisch-europäischen Christentum angelegte Tendenz zur weltweiten Universalität, zur Vielvölkergemeinschaft mit einem authentischen und nicht nur geheuchelten Polyzentrismus im Christentum verbinden läßt und ob und inwieweit die im jüdisch-christlichen Erbe Europas fundierte Anerkennungskultur hier eine Möglichkeit für einen echten Polyzentrismus eröffnet, vgl. die „Differenzierungen im Polyzentrismusverständnis" im voraufgehenden Beitrag.

schen Christentums zu trennen. Nur wenn in ihm das christliche Gottesgedächtnis nicht versiegt, wird es sich auch anderen Kulturen rettend mitteilen und in ihnen blühen können. Das ist in meinen Augen der Preis für die oft so gedankenlos strapazierte Rede von der Geschichtlichkeit des Christentums.

Die zweite Überlegung, die uns auf das Schicksal des europäischen Christentums zurückwirft, hat eher empirischen Charakter. Im Verlauf des letzten Jahrhunderts ist Europa ja auf eine bestimmte Weise weltweit, ist universal geworden. Und zwar auf dem Wege über jene profane Europäisierung der gesamten Welt, die wir „Wissenschaft" und „Technik" oder auch „technologische Zivilisation" nennen. Also durch jene sogenannte „okzidentale Rationalität", die inzwischen mit ihrer „Entzauberung der Welt" die Weltherrschaft angetreten hat. Dabei mußten wir in der letzten Zeit eine Erfahrung machen, erfreulich für die einen, überraschend für andere und enttäuschend und frustrierend für dritte: die Erfahrung nämlich, daß sich die nichteuropäischen Völker und Kulturen dieser Europäisierung ihrer Welt allzu übereifrig anzupassen scheinen. Dieses Anpassungsverhalten, für das es viele Symptome gibt, weckt die Frage, ob der kulturelle Polyzentrismus in unserer Welt nicht schon keimhaft zersetzt ist, ob es überhaupt noch genügend kulturelle Identität und Resistenz gegenüber diesem Weltprozeß der europäischen Zivilisation mit seinen unleugbaren Fortschritten, aber eben auch mit seinen Fortschrittsmythen gibt. Ist am Ende jeder Fortschritt und jede Befreiung dieser Länder überhaupt etwas anderes als eine Art Befreiung zum Westen? Sind wir also bei der Frage nach der Zukunftsfähigkeit des Christentums noch einmal auf uns selbst zurückgeworfen, weil wir, die wir eine Zeitlang die nichteuropäische Welt für unsere

Zukunft hielten, unter der Hand zur Zukunft eben dieser nichteuropäischen Welt geworden sind? Müssen wir also die Vision von der Zukunft des Christentums immer auch aus unserem alteuropäischen Erbe ziehen? Ja, so sieht es aus.

2. *Vom Verschwinden des Menschen in der Noch- oder Nachmoderne*

Wie aber sieht es bei uns aus? Was geht vor im späten Europa, was im späteuropäischen Christentum (diesseits und jenseits des Atlantik)? Das Christentum kann das Weltprojekt, von dem eben die Rede war, das Projekt der wissenschaftlich-technischen Zivilisation nicht einfach als unschuldigen Katalysator für die Weltsendung seiner Hoffnung betrachten. Es ist zu augenfällig, daß in diesem späteuropäischen Projekt auch tiefste Gefährdungen für das Christentum stecken. War es nicht dieses späte Europa, in dem erstmals in der Welt der „Tod Gottes" öffentlich verkündet wurde? Und ist es nicht dieses Europa, in dem wir seit geraumer Zeit auch auf den „Tod des Menschen", so wie wir ihn aus unserer bisherigen Geschichte kennen, vorbereitet werden?

Die Prozesse der europäischen Moderne, die zur profanen Europäisierung der Welt führten, sind offensichtlich nicht nur Säkularisierungsprozesse als Prozesse der gesellschaftlichen Entmächtigung und Auflösung von Religion, sie entpuppen sich immer mehr auch als Prozesse der Entmächtigung und Auflösung des Menschen, wie er uns bisher vertraut und anvertraut war. Immer weniger, so scheint es, ist der Mensch noch sein eigenes Gedächtnis, immer mehr nur noch sein eigenes Experiment. Alles wird technisch reproduzierbar, am Ende auch der produzierende Mensch selbst. Eine Beobachtung scheint jedenfalls schon ohne jeden kulturpessimistischen Überschwang verallgemeinerungsfähig zu sein: die europäischen Modernisierungsprozesse machen, wo sie sich undialektisch einem vermeintlichen Stufengang des Fortschritts überlassen, den Menschen in seinem Subjektsein, in seinen zwischenmenschlichen Beziehungsfähigkeiten und seinem Geschichtsbewußtsein nicht eigentlich stärker, sondern schwächer. Das Waren- und Tauschprinzip dieser Zivilisation hat inzwischen über den ökonomischen Bereich hinaus längst die seelischen Grundlagen unserer Gesellschaft erreicht und die Herzen der Menschen auf seine Weise kolonialisiert: Alles erscheint austauschbar, auch die zwischenmenschlichen Beziehungen, und auch bei unseren geschichtlichen Erinnerungen regiert immer weniger die moralische Verantwortung, immer mehr hingegen die als Objektivität ausgegebene Unschuld. Die rasende Beschleunigung, in der wir leben, der überstürzte Wechsel im Verbrauch und in den Moden, auch den kulturellen, gewährt kaum mehr sinnenhafte Anschauung; immer unanschaulicher, unsinnlicher werden unsere Wahrnehmungen, weil wir den Menschen und Dingen zumeist nur nachblicken, gewissermaßen nur in den Rücken schauen können. So wird der Einzelne immer mehr auf Anpassung an eine abstrakt-unanschauliche, unübersichtliche Welt dressiert. Auch der Rekurs auf die Phantasien seiner Kindheit scheint verlegt, weil wir die mit unseren (Spiel-)Automaten ersticken, ehe sie sich entfalten konnten. Wohin also ist „der Mensch"? Es scheint, daß er um so erfolgreicher überlebt, je mehr er sich zum anpassungsschlauen Tier zurückzüchtet. In den USA hat die öffentliche Ausschreibung für einen Nachfolger des Menschen schon begonnen. „Time" hat ihn auf einem

Titelblatt schon vor einigen Jahren als „Mann des Jahres" portraitiert: den Roboter, eine sanft und widerspruchslos funktionierende Maschine, eine computerisierte Intelligenz, die sich nicht erinnern kann, weil sie ja von keinem Vergessen bedroht ist, also eine Intelligenz ohne Geschichte, ohne Leidensfähigkeit und ohne Moral. Wem das nach science fiction klingt, der lese wenigstens Robert Bellahs neues Buch „Habits of the Heart"[8] in dem er die US-Gesellschaft als eine Gesellschaft wachsender Sprachlosigkeit, zunehmender Vereinsamung und Beziehungslosigkeit beschreibt, gerade weil die Menschen in ihr nirgendwo allein sind, weil sie über ihre verkabelten Wohnräume und ihre medienelektronisch vernetzten Arbeitsplätze immer „in der Masse" und „wie eine Masse" leben.

Dieser schleichende, sanfte Tod des Menschen wird um so erfolgreicher vonstatten gehen, je mehr wir ihn nicht als Bedrohung und Unterdrückung, sondern als Vergnügen und Zerstreuung erleben. Das besorgt unsere moderne Kulturindustrie, die wachsende Übermacht der Massenmedien, nicht zuletzt des Fernsehens, die unseren Alltag immer mehr quasi transzendental umspannt und uns von unseren eigenen Bildern, unseren eigenen Träumen, von unseren eigenen Geschichten und unserer eigenen Sprache immer mehr entlastet und uns eines Tages zu routinierten, glücklichen Analphabeten macht[9]. H. M. Enzensberger hat diesen „sekundären Analphabeten", wie er ihn nennt, unter uns bereits ausgemacht. Er beschreibt ihn so: „Er hat es gut; denn er leidet nicht an dem Gedächtnisschwund, an dem er leidet; daß

[8] Als Teamarbeit erschienen 1985.

[9] „Wir amüsieren uns zu Tode" heißt denn auch ein in hellsichtiger Übertreibung geschriebener Bestseller des amerikanischen Mediensoziologen N. Postman (1985).

er über keinen Eigensinn verfügt, erleichtert ihn; daß er sich auf nichts konzentrieren kann, weiß er zu schätzen; daß er nicht weiß und nicht versteht, was mit ihm geschieht, hält er für einen Vorzug. Er ist mobil. Er ist anpassungsfähig. Er verfügt über ein beträchtliches Durchsetzungsvermögen. Wir brauchen uns also keine Sorgen um ihn zu machen. Zu seinem Wohlbefinden trägt bei, daß der sekundäre Analphabet keine Ahnung davon hat, daß er ein sekundärer Analphabet ist. Er hält sich für wohlinformiert, kann Gebrauchsanweisungen, Piktogramme und Schecks entziffern und bewegt sich in einer Umwelt, die ihn hermetisch gegen jede Anfechtung seines Bewußtseins abschottet. Daß er an seiner Umgebung scheitert, ist undenkbar. Sie hat ihn ja hervorgebracht und ausgebildet, um ihren störungsfreien Fortbestand zu garantieren. Der sekundäre Analphabet ist das Produkt einer neuen Phase der Industrialisierung." [10]

Das also wären einige Parameter der europäischen Noch- oder Nachmoderne: Subjektmüdigkeit, Gedächtnisschwund, Sprachzerfall und auch, ja vor allem auch Abschied von der Geschichte. Denn wenn man der bei uns schon wieder viel gepriesenen neuen Geschichtsfreudigkeit einmal ins Herz schaut, dann ist sie vor allem dies: Lust an der Literarisierung der Geschichte. Eco läßt grüßen. „Die Geschichte ist ganz zur Literatur geworden, in der man sich à la carte zusammenstellt, was einem schmeckt: die nouvelle cuisine des posthistoire." [11] Mythen sind wieder bekömmlich, vor allem wenn sie aus nichtchristlichen Ländern auf den Tisch kommen; das kritische Subjekt, das allzu lange an ihnen gewürgt hat, ist ohnehin in Auflösung begriffen.

[10] Zitiert nach der „Zeit" vom 29. 11. 1985.

[11] Aus. *L. Baier,* Gleichheitszeichen (1985) (S. 30f.)

3. Wahrnehmungsverlust

Trotzdem: Klingt das nicht alles wie elitäre, leicht geschmäcklerische Kulturkritik – angesichts der realen Gefahren, etwa der realen Bedrohung der Menschheit durch die Bombe? Ich glaube nicht. Denn nehmen wir die Realität, die reale Gefahr auch tatsächlich wahr, immer mehr – oder immer weniger? Droht nicht ein massiver Realitätswahrnehmungsverlust? Rückt „Realität" nicht immer mehr in Anführungszeichen? Lassen Sie mich das an einem vertrauten Vorgang in Ihrer näheren Umgebung erläutern. Die Pilger zum Drehort der „Schwarzwaldklinik" haben längst die Zahl der religiös motivierten Wallfahrer überrundet (und vermutlich auch bald die, die in Ländern des Ostblocks tagtäglich an Polit-Mausoleen anstehen). Der Kult des Imaginären grassiert. Leben wir am Ende doch schon in einer ausschließlich simulierten Welt, wie der Franzose Baudrillard vermutet? Wird zumindest die Unterscheidung zwischen natürlicher Lebenswelt und künstlich reproduzierter Massenmedienwelt nicht immer schwieriger, fallen nicht Realität und bildhaft reproduzierte Realität immer ununterscheidbarer in eins? Ist das, was wir für Realität halten, am Ende nichts anderes als ihre künstlich reproduzierte Kopie? Wieso erhält der Fernsehprofessor aus der „Schwarzwaldklinik" tagtäglich Briefe mit der Bitte um ärztlichen Rat? Ist das vielleicht nur eine Episode, oder doch auch schon Symptom? Symptomatischen Charakter gewinnen solche Vorgänge jedenfalls dann, wenn sie auch im Herzen unserer Modernisierungsbetriebe und Informationszentren immer häufiger zu beobachten sind. So weiß man von den Beschäftigten des großen französischen Computerunternehmens Compagnie Générale de l'Information, daß unter ihnen die Anhänger der obskuren Rosenkreuzersekte stärker vertreten sind als die Gewerkschaftsmitglieder[12]. Der Kult des Imaginären triumphiert. Realitätswahrnehmung verfällt, nicht aus Mangel an Information, sondern aus Überinformation. Und die Katastrophe besteht nicht in der Katastrophe, sondern darin, daß wir sie nicht mehr als solche wahrzunehmen vermögen, daß wir vielmehr immer mehr zu Voyeuren des eigenen Untergangs werden.

4. *Anachronismus „Mensch"*

Im übrigen scheint es so, als wäre die Neutronenbombe in vielen Köpfen bereits explodiert, als wäre der Tod des Menschen inmitten ansonsten intakter Verhältnisse eine von den modernen Wissenschaften längst besiegelte Tatsache. Augenscheinlich ist unser modernes Wissenschaftswissen nicht am subjekthaften Fundament des Wissens interessiert; Subjekt, auch Freiheit, Individuum usw. sind, streng wissenschaftlich gesprochen, Anthropomorphismen. Gegen den Einwurf, daß eine solche Behauptung doch reichlich kalt und abstrakt sei, verteidigt sich z. B. M. Foucault, dessen Einfluß sich posthum immer mehr steigert: „Abstrakt? Ich möchte folgendes antworten: es ist der Humanismus, der abstrakt ist! All diese Herzensschreie, all diese Ansprüche der menschlichen Person, der Existenz sind abstrakt: d. h. abgeschnitten von der wissenschaftlichen und technischen Welt, die nämlich unsere wirkliche Welt ist. ... Der Versuch, der gegenwärtig von einigen unserer Generation unternom-

[12] Hinweis bei *L. Baier,* Der Schwindel der Simulation, in: Merkur 451/452 (1986).

men wird, besteht daher nicht darin, sich für den Menschen gegen die Wissenschaft und gegen die Technik einzusetzen, sondern deutlich zu zeigen, daß unser Denken, unser Leben, unsere Seinsweise bis hin zu unserem alltäglichsten Verhalten Teil des gleichen Organisationsschemas sind und also von den gleichen Kategorien abhängen wie die wissenschaftliche und technische Welt. Es ist das ‚menschliche Herz', das abstrakt ist." [13]

So wäre also, was wir treuherzig und naiv immer noch „den Menschen" nennen, längst ein Anachronismus. Diesen Menschen, sollte es ihn je gegeben haben, gibt es eigentlich nicht mehr. Um zu wissen, was der Fall ist, ist von seinem Tod auszugehen. Zumindest bei französischen Denkern ist dieser Tod des Menschen eine ausgemachte Sache. Und deutsche Gründlichkeit hat ihn auch schon systemtheoretisch erläutert und eingeordnet: Es gibt keine Subjekte, nur selbstreferentielle Systeme[14]. In ihnen herrscht nicht die Spontaneität des Geistes (welch „alteuropäische" Vorstellung!), sondern die Weltraumkälte einer unendlich gleichgültigen Evolution. Was in ihr an den Menschen erinnert, der wir einmal waren, ist allenfalls gestaltlose, wahrnehmungs- und handlungsferne Angst.[15] Was hilft es uns da schon, wenn man uns versichert, dieser „Tod des Menschen" sei nur „rein epistemologisch" gemeint, gewissermaßen „rein wissenschaftstheoretisch"? Was hilft uns das in einer Welt, in

[13] Zitiert nach: Ästhetik und Kommunikation, H. 63 (1986).

[14] Das Wort „selbstreferentiell" scheint verräterisch. Verweist es nicht noch einmal auf die das Subjekt auszeichnende Selbstreflexivität, deutet der Gebrauch von „Selbst" nicht doch auf unhintergehbare Subjektidentität? Vgl. *M. Frank,* Die Unhintergehbarkeit von Individualität, 1986.

[15] So etwa N. Luhmann in seinen neuesten, ebenso scharfsinnigen wie erschreckenden Analysen der „Ökologischen Kommunikation" (1986).

der gerade die Wissenschaften auf dem Weg über die Technik ganz praktisch werden und so nicht nur beschreiben, sondern auch definieren, was wirklich ist?

5. Widerstandsreserven?

Was also wäre zu tun? Doch noch einmal aus Europa aussteigen? Ins wilde Leben fliehen? Oder zurück ins heiter-unschuldige, geschichtslose Leben des mediterranen Griechentums vorchristlicher Zeit, wie es uns mit hohem Bildungsaufwand manche mythenfreudigen Propheten einer sog. postmodernen Zeit empfehlen? Oder eben ein resignatives Sichabfinden, ein instinktives Sichkleinmachen, ein Leben ohne große Vergewisserungen, in verkleinerten Maßstäben, ein Nischendenken angesichts gefühlter Gefahr? Ein Eintauchen in tiefe Politiklosigkeit, die sich heute im Rücken unseres gesamten öffentlichen Lebens vollzieht?

Oder schließlich doch dies: Kampf um die Rettung, um die Verlebendigung des jüdisch-christlichen Erbes in unserer abendländisch-europäischen Welt? Kampf um die Zukunftsfähigkeit des Christentums als Kampf um die Zukunftsfähigkeit des uns geschichtlich vertrauten und anvertrauten Menschen? Nur wo dies gelingt, wird m. E. der europäische Geist die ihm selbst entsprungenen Gefahren meistern können. Schließlich sind wir ja auch hier im säkularisierten Europa in einer Suchbewegung. Nicht etwa hilflos-arrogant nach der Abschaffung unserer wissenschaftlich-technischen Welt und ihrer Errungenschaften, nicht etwa geleitet von dem fahrlässigen Wunsch nach einer Euthanasie der Technik überhaupt, wohl aber gerichtet auf neue Formen des Umgangs mit ihr, gerichtet auf den kulturellen Hintergrund unserer technologischen Rationalität, weil wir nicht darauf bauen wollen, daß der evolutionäre Modernisierungsprozeß allein und aus sich selbst menschenwürdige Zukunft gewährt, wissend, daß wir nicht nur Fortschritte, sondern auch Fortschrittsmythen produzieren. Ehe wir uns fragen, ob hier die nichteuropäischen Kulturen Orientierungs- und Widerstandsreserven bieten, hätten wir unser eigenes Erbe anzurufen und zu verlebendigen.

6. Befreiungsarbeit

Eben das schulden wir schließlich auch den nichteuropäischen Christentümern, schulden wir vor allem den armen Kirchen der Dritten Welt und ihren Befreiungsbemühungen. Die profane Europäisierung der Welt auf dem Wege über Technik und Kulturindustrie hat ja vor diesen Ländern und ihren Kulturen nicht haltgemacht. Diese zweite Versklavung ist längst erfolgreich im Gange. Und bei diesen Völkern wirkt der sanfte Terror der Kulturindustrie eher noch tödlicher als bei uns. Er paralysiert jeden Befreiungsprozeß. Das Opium der Armen ist längst nicht mehr die Religion. Es ist die Massenmedienkultur, die diese Menschen subjektmüde macht, ehe sie zu Subjekten ihrer Befreiung werden; die ihnen, kaum daß sie sich ihrer eigenen Leidensgeschichte bewußt werden, das Gedächtnis schon wieder raubt und die ihre Sprache bedroht, ehe sie sich selbst zur Sprache gebracht und alphabetisiert haben. Der Widerstand gegen die Auflösung des Menschen, seiner Geschichte und seiner Sprache wäre eine Art Befreiungsarbeit für alle, nicht die einzige, aber gewiß auch nicht die geringste. Doch wie?

7. *Gottesgedächtnis wider den Tod des Menschen*

Ich möchte darauf hinweisen, daß sich nahezu alle Protokollanten des Todes des Menschen als Jünger Nietzsches verstehen[16], des kompromißlosesten Propheten einer nachchristlichen Zeit. Es lohnt sich, bei ihm nachzusehen, worum es geht. Üblicherweise zitieren wir ihn als den Künder des Todes Gottes im Herzen des europäischen Abendlandes. Weil wir jedoch Nietzsche klischeehaft mißverstehen als den, der nun den Menschen zum Nachfolger Gottes ausruft, zum mehr oder weniger gelungenen neuen Gott (oder doch wenigstens, wie Freud spottete, zum „Prothesengott"), vergessen wir darüber zu schnell, daß Nietzsche selbst aus diesem Tod Gottes eine unerbittliche Konsequenz zieht, nämlich die des Todes des Menschen, jenes Menschen, als der wir uns bislang vertraut und anvertraut sind. Denn auch Nietzsche redet schon vom Tod des Subjekts, hält das Subjekt für eine bloße „Fiktion" und die Rede vom „Ich" für einen Anthropomorphismus[17]. Auch er beschreibt schon den endgültigen Zerfall der Sprache im subjektlosen Taumel der Metaphern; man lese nur einmal seine kleine Schrift „Über Wahrheit und Lüge im außermoralischen Sinn"[18]. Auch er sagt schon, daß die Geschichte, losgekettet von der Ewigkeit, in eine anonyme Evolution stürzt, die nichts will als Evolution[19]: ein leeres, überraschungs-

---

[16] Ich erinnere an die gegenwärtige Nietzsche-Renaissance im „postmodernen" Frankreich, auch hierzulande und in den USA. Mutatis mutandis gehört hierher auch die neue Aufmerksamkeit für M. Heidegger.

[17] Werke (ed. Schlechta) III 126 u. ö. „Also sprach Zarathustra" variiert immer wieder die Forderung: „Der Mensch ist etwas, was überwunden werden soll, was überwunden werden muß!"

[18] Werke III (ed. Schlechta).

[19] Z. B. Werke I (ed. Schlechta) 1080.

freies, ins Unendliche wachsendes Kontinuum, das alle und alles gnadenlos einschließt und jede substantielle Erwartung austreibt. Aber Nietzsche kennt und nennt eben noch die Hintergrundsannahme für diesen Tod des Menschen: nämlich den Tod Gottes. Er kennt das Echo auf den Schrei seines „tollen Menschen“: Wohin ist Gott? Es lautet: Wohin denn der Mensch?

Deshalb riskiere ich hier, drastisch verkürzt, den Umkehrschluß: Wer dem Dahinschwinden des Menschen widerstehen will, wer seinen sanften oder dramatischen Tod verhindern will, wer den uns vertrauten und anvertrauten Menschen retten will, seine subjekthafte Identität, seine Verständigungsmöglichkeiten, sein Gedächtnis und seinen ungesättigten Hunger und Durst nach Gerechtigkeit, der kann das, wenn es denn zum Schwure kommt, nur aus der Kraft des Gottesgedächtnisses[20]. Und was die auf den Tod des Menschen eingeschworene Noch- oder Nachmoderne in Rechnung zu stellen hätte, ist die Subversion dieses Gottesgedächtnisses, das uns auch heute noch von Humanität und Solidarität, von Entfremdung, Unterdrückung und Befreiung reden und gegen himmelschreiende Ungerechtigkeit, gegen Verelendung und zerstörerische Armut kämpfen läßt. Bei Foucault übrigens, dem großen Vordenker der europäischen Postmoderne, ist dieser Zusammenhang zwischen dem Eingedenken Gottes und dem Andenken des Menschen verschlüsselt noch erkennbar, wenn er etwa an Hölderlins Wort vom „Fehl Gottes“ erinnert und am Schluß seiner „Archäologie des Wissens“[21] formuliert: „Es kann durchaus sein, daß ihr Gott unter dem Gewicht

[20] Näheres über diesen Zusammenhang des „Todes Gottes“ und des „Todes des Menschen“ im Lichte einer nachtranszendentalen Theologie in meinem Buch „Glaube in Geschichte und Gesellschaft“, 1977 u. ö. (62 f.).
[21] Deutsch erschienen 1973.

all dessen, was ihr gesagt habt, getötet habt. Denkt aber nicht, daß ihr aus all dem, was ihr sagt, einen Menschen macht, der länger lebt als er."

Aus diesem Satz höre ich vor allem die Emphase für die Sprache heraus („Was ihr gesagt habt ..., was ihr sagt ..."). Es geht hier offensichtlich um Rede, um Sprache, wenn es um den Tod Gottes und den Tod des Menschen geht. „Wer spricht?" ist denn auch die Ausgangsfrage derer, die ausziehen, um nachzuweisen, daß es die der Sprache unterstellten Subjekte gar nicht gibt, weder göttliche noch menschliche. Es gibt keine Subjekte, heißt es da, sondern nur Diskurse, die sich zu Subjekten reimen lassen. Ich frage mich, ob hier am Ende unsere gesamte gelehrte strukturalistische und poststrukturalistische Semantik und Semiotik nicht mit einem höchst fragwürdigen Einstieg arbeitet. Das Christentum jedenfalls empfiehlt einen Wechsel in der Ausgangsfrage. Für das Christentum lautet diese Ausgangsfrage nicht: Wer spricht?, sondern: Wer leidet? So fragt Religion, wenn sie nach Subjekten fragt. Und auch nach der Sprache des Menschen. Denn für sie gehört die Sprache, gehört der ‚Logos' nicht zuerst den Denkenden, sondern den Leidenden[22].

Darum auch ist die Ursprache der Gebete vor allem eine Sprache der Leidenden[23]. Und die Gebetssprache als Sprache der Leidenden ist nicht eine Sprache der trostreichen Antwort auf das Leid, sondern der ungetrösteten Rückfrage aus dem Leid. Diese Rückfrage an Gott im Gebet ist, so scheint mir, eine letzte Rückmeldung „des

---

[22] Vgl. den Vorschlag, den U. Eco 1968 (!) in seiner „Einführung in die Semiotik" (413 f.) gemacht hat.

[23] Ausführliches zum Thema Gebet und Gebetsprache in dem angedeuteten Sinn bei *J. B. Metz – K. Rahner,* Ermutigung zum Gebet (Freiburg i. Br. 1977) u. ö.

Menschen" in der Sprache, in der er unserem fortgeschrittensten Bewußtsein schon längst abhanden gekommen zu sein scheint. Häufig erweckt das Christentum den Eindruck, als dürfte der Glaube nicht zu nahe an die Wirklichkeit heranrücken, gewissermaßen nicht zu „diesseitig" werden. Doch das Gegenteil ist der Fall. Wenn wir Christen besser und genauer, unerbittlicher und illusionsloser sagen könnten, was „der Fall" ist, könnten wir auch unsere eigene Sache verheißungsvoller vertreten, so z. B. die Sprache des Gebets. Vielleicht ist sie tatsächlich die einzige Sprache, in der der Mensch noch als Mensch gestikuliert! In der er nicht nur als gereimtes, imaginäres Subjekt von Zeichen- und Codierungssystemen vorkommt.

Das Christentum enthält noch in einer anderen Hinsicht ein den Menschen rettendes Gedächtnis. Das christliche Gottesgedächtnis ist ja in seinem Zentrum ein Leidensgedächtnis. Eine memoria passionis: das durch nichts zu beruhigende Eingedenken ungesühnter Leiden. Inmitten unserer Modernisierungsprozesse formuliert das Christentum die im Glauben an die Auferweckung der Toten und des Gerichts enthaltene Frage nach Gerechtigkeit für die ungerecht Leidenden, für die ungesühnten Opfer und Besiegten der Geschichte als eine gefährliche Erinnerung, mit der es den Bann unserer Fortschrittsmythen zu brechen sucht. Es betrachtet das Eingedenken der vergangenen Leiden als eine Kategorie der Rettung des Menschen[24]. Wo wir nämlich die vergangenen Leiden im Abgrund einer anonymen Evolution verschwinden lassen, projektieren wir uns am Ende

[24] In diesem Sinne ist die Erinnerung (als Eingedenken) durch sich selbst eine politisch relevante Kategorie, ohne daß ich dies hier näher entfalten könnte.

auch selbst als subjektlose Wesen, als Oberflächenspiele auf den Wogen dieser Evolution. Ohne dieses Eingedenken vollzieht sich, da sanft, dort dramatisch, jener Tod des Menschen und jene Stillegung seiner Geschichte, von der hier hinreichend die Rede war. Ohne dieses Eingedenken wird die Zukunft des Menschen jedenfalls immer fraglicher.

Deshalb klagt das Christentum diese Frage nach der Rettung der unwiderruflich vergangenen Leiden immer wieder in unserem öffentlichen Bewußtsein ein – zur Rettung der Lebenden und ihres Sinns für ungeteilte Gerechtigkeit und Befreiung. Etwa in der Sprache des Synodentexts „Unsere Hoffnung": „Diese Frage ... zu vergessen und zu verdrängen, ist zutiefst inhuman. Denn es bedeutet, die vergangenen Leiden zu vergessen und zu verdrängen und uns der Sinnlosigkeit dieser Leiden widerspruchslos zu ergeben. Schließlich macht auch kein Glück der Enkel das Leid der Väter wieder gut, und kein sozialer Fortschritt versöhnt die Ungerechtigkeit, die den Toten widerfahren ist. Wenn wir uns zu lange der Sinnlosigkeit des Todes und der Gleichgültigkeit gegenüber den Toten unterwerfen, werden wir am Ende auch für die Lebenden nur noch banale Versprechen parat haben. Nicht nur das Wachstum unseres wirtschaftlichen Potentials ist begrenzt, wie man uns heute einschärft; auch das Potential an Sinn scheint begrenzt und es ist, als gingen die Reserven zur Neige und als bestünde die Gefahr, daß den großen Worten, unter denen wir unsere eigene Geschichte betreiben – Freiheit, Emanzipation, Gerechtigkeit, Glück – am Ende nur noch ein ausgelaugter, ausgetrockneter Sinn entspricht."[25]

---

[25] Synodendokument „Unsere Hoffnung" I 3.

8. Vom Christentum zu den Christen

Lassen Sie mich nun noch einen raschen Schritt vom Christentum zu den Christen tun. Damit sie den geschilderten Herausforderungen entsprechen, scheint mir vor allem eines nötig: daß sie immer weniger Adressaten und immer mehr Träger des Gottesgedächtnisses werden; daß sie immer entschiedener ihre verinnerlichte Betreuungsmentalität abstreifen, und zwar nicht nur im Blick auf die „rein weltlichen" Aufgaben der Christen, sondern gerade auch im Blick auf Glaubenserfahrung und Glaubenssprache, in der sich Lebens- und Glaubensgeschichte miteinander verbinden.[26]

Da genügt nicht die defensive Phantasie eines christlichen Fundamentalismus und Traditionalismus, der nur reine Betreuungschristen in einem am Ende humorlosen, zelotischen Sektierertum programmiert. Da genügt aber auch nicht, wenn ich recht sehe, die heute so beliebte Variante eines pneumatisch-charismatischen Christentums; denn wer bewahrt es davor, das Christentum nicht mit einer Art Erbauungspsychologie zu verwechseln und schließlich in eine postmoderne Subkultur abzugleiten? Es bedarf eines durchaus gesellschaftskritisch wachen Christentums, das sich als Erinnerungs- und Erzählgemeinschaft in der einen und ungeteilten Nachfolge Jesu versteht und das als solches mit nicht nur kopierter, sondern „erfinderischer" gesellschaftskritischer Phantasie arbeitet: im produktiven Widerstand gegen die wachsende Subjektmüdigkeit, gegen den Gedächtnisschwund, gegen den Sprachzerfall und den Analphabetismus zweiter Ordnung. Nur dann werden

[26] Ausführliches dazu im nächsten Beitrag über „Suchbewegungen nach einem neuen Gemeindebild".

auch die Liebe und der Hunger und Durst nach Gerechtigkeit in unserem sozialen Leben nicht versiegen.

9. Und zur Theologie

Hier scheint mir nicht zuletzt auch die heutige Theologie gefordert. Gewiß, sie hat – als akademische – viele Aufgaben und kann der Argumentationssprache keineswegs entraten. Doch muß sie mit ihren Argumenten gerade die kommunikative Würde des Gedächtnisses und der Erzählung schützen; denn ohne sie fielen alle theologischen Aussagen ins Leere. Die Theologie muß also versuchen, die allzu sehr unter dem Einfluß der klassischen griechischen Metaphysik formulierten subjektlosen Lehrsätze des Glaubens zwar nicht einfach zu entwichtigen oder gar zu leugnen, wohl aber sie verständlich zu machen als Formeln eines gefährlichen und befreienden Gedächtnisses, als formelhaft abgekürzte, gewissermaßen stenografierte Geschichten, und sie muß diese dogmatischen Formeln zurückerzählen in die biblischen Geschichten des Aufbruchs und der Umkehr, des Widerstands und des Leidens und immer wieder in die synoptischen Nachfolgegeschichten. Diese erzählend-erinnernde Gestalt gehört zur Tiefenstruktur der christlichen Glaubenswahrheiten; sie ist ihnen nicht nur nachträglich angesonnen, sie dient auch nicht ihrer bloßen pädagogischen und pastoralen Ausschmückung, sie ist vielmehr eine unverzichtbare Ausdrucks- und Mitteilungsform christlicher Identität.[27]

---

[27] Zur fundamentalen und nicht nur abgeleiteten Bedeutung von „Erinnerung" und „Erzählung" vgl. aus meinem Buch „Glaube in Geschichte und Gesellschaft" (Mainz [4]1984) § 11 und § 12 – Zum Versuch, die christologischen Dogmen in ihrer narrativen und memorialen Tiefenstruktur kennt-

10. Zukunftsfähiges Christentum – zukunftsfähige Menschheit

Diese Erzählungen des Glaubens sind freilich nicht einfach literarisch, sondern historisch gemeint. Sie sind Ausdruck eines geschichtlichen Eingedenkens, sie rufen das Gedächtnis, vor allem das Leidensgedächtnis der Menschen an, in dem sich christlicher Glaube mit den geschichtlichen Erfahrungen der Menschen zu verbinden sucht. Sich zu verbinden sucht auch mit der Weisheit und den Leidenserfahrungen nichteuropäischer Kulturen. Deren Widerstand gegen eine abstrakte Evolutionslogik, in der schließlich die Geschichte durch ökonomische Naturgesetze, die Hoffnung durch das Kalkül und das Gedächtnis durch den Computer ersetzt wird, ist durchaus koalitionsfähig mit den Zukunftsintentionen des Christentums. Vermutlich wäre eine solche Koalition und gegenseitige schöpferische Assimilation der Kulturwelten der eigentliche Fortschritt.[28] Jedenfalls ist sie eine unerläßliche Voraussetzung des so ungewissen Weltfriedens. Könnte hier das zum kulturellen Polyzentrismus heranreifende Christentum womöglich gar ein produktives Vorbild sein?

Nicht selten hört man heute sagen, unsere Zeit sei längst eine „nachchristliche Zeit". Sie wäre wohl jene Zeit, in der man dem Christentum nur noch in den Rücken schauen kann, trauernd die einen, ironisch die andern und gleichgültig vielleicht die vielen. Ich wollte von ei-

---

lich zu machen, vgl. meine Überlegungen zu einer Nachfolgechristologie in: Zeit der Orden? Zur Mystik und Politik der Nachfolge (Freiburg i. Br. [6]1986).

[28] Eine Basis für die Sicherung des Fortschrittsbegriffs sehe ich in der Koalition der Kulturen im Widerstand gegen den Tod des Menschen.

ner Zeit sprechen – nochmodern oder nachmodern: das sei hier ruhig einmal dahingestellt –, von einer Zeit, in der man dem Christentum nicht in den Rücken, sondern ins Antlitz schauen muß, wenn man von der Zukunftsfähigkeit der Menschen und der Menschheit reden will. Und diese Zeit ist unsere Zeit, immer noch.

III

Suchbewegungen nach einem neuen Gemeindebild

Das gegenwärtige Ringen um die Wege der Kirche in die Zukunft scheint von unterschiedlichen, teilweise geradezu gegensätzlich anmutenden Visionen geleitet zu sein. Zu ihrer Kennzeichnung bleiben Etiketten wie „konservativ" und „progressiv" eher auskunftsarm. Die Frage lautet vielmehr: Wird sich ein rein defensives Sicherheitsdenken durchsetzen oder eine wagende, gewissermaßen offensive Treue zum kirchlichen Erbe, also eine defensive oder eine offensive Rettung kirchlicher Traditionen? Diese Frage konzentrierte sich in letzter Zeit vor allem auf den Umgang mit dem Erbe des jüngsten Konzils. Das offensive Konzept der Rettung kirchlicher Traditionen sieht in diesem Konzil nicht einen Abschluß, sondern eher „den Anfang eines Anfangs" (K. Rahner). Es kennzeichnet das Zweite Vatikanum als das Konzil eines kirchengeschichtlichen Übergangs. Zwei dieser Übergangsprozesse möchte ich hier ansprechen, weil von ihnen auch die Suchbewegung nach einem neuen Gemeindebild inspiriert ist.

1. Subjektwerdung in der Kirche

In diesem Konzil deutet sich in ersten Ansätzen der Übergang von einer kulturell mehr oder weniger einheitlichen abendländisch-europäischen Kirche zu einer kulturell polyzentrischen Weltkirche an[1]. Gewiß, diese konziliare Öffnung zu einer kulturell polyzentrischen Weltkirche bedeutet nicht den Zerfall in einen beliebigen oder gönnerischen kirchlich-theologischen Pluralismus. Der judenchristliche Ursprung und die abendländisch-europäische Selbstentfaltung der Kirche bleiben auch einem kulturell polyzentrischen Weltchristentum schicksalhaft immanent[2]. Nur geht es nun um echte *Gegenseitigkeit,* um gegenseitige Inspiration und Assimilation bei der Entfaltung des kirchlichen und theologischen Lebens. Und in diesem Sinne senden die nichteuropäischen Kirchen der sog. Dritten Welt erneuernde Impulse ins Herz der europäischen Kirche. In unserem Zusammenhang möchte ich nur diesen nennen: die Ausfaltung eines neuen Lebensmodells der Kirche in den sog. basiskirchlichen Gemeinschaften, in Verbindung mit den Bischöfen und so auch eingegliedert in die apostolische Sukzession. Wenn wir einmal davon ausgehen[3], daß sich dieses neue Gemeindebild nicht nur den besonderen Verhältnissen der nichteuropäischen Kirchen verdankt, dann kann an ihm eine gesamtkirchliche Tendenz abgelesen werden. Die „Stunde der Kirche" ist danach nicht in erster Linie eine Stunde der großen charismatischen Führer, nicht die Stunde der großen Propheten und der großen Heiligen (und wohl auch nicht die der theologischen Meisterdenker), sie ist vielmehr die Stunde der beharrlichen Subjektwerdung der Kleinen und Armen, die Stunde sozusagen der kleinen Propheten

[1] Vgl. dazu „Im Aufbruch zu einer kulturell polyzentrischen Weltkirche" in diesem Band S. 93.

[2] Ausführlicheres dazu in diesem Band unter „Differenzierungen im Polyzentrismusverständnis", S. 116.

[3] Wie das übrigens auch die Vatikanische Instruktion über die christliche Freiheit und die Befreiung (1986) tut.

und der kleinen und anonymen Heiligen, und in diesem Sinne wohl auch die Stunde der Basis. Was damit gemeint ist, wird anfänglich schon deutlicher, wenn wir einen weiteren Aufbruchs- oder Übergangsprozeß ins Auge fassen, der sich mit dem jüngsten Konzil verbinden läßt.

In diesem Konzil deutet sich jener Übergang an, den das Synodendokument „Unsere Hoffnung" kennzeichnet als den „Schritt von einer protektionistisch anmutenden Kirche *für* das Volk zu einer lebendigen Kirche *des* Volkes, in der alle auf ihre Art sich verantwortlich beteiligt wissen am Schicksal dieser Kirche und an ihrem öffentlichen Zeugnis der Hoffnung."[4] Ein *subjektorientiertes Kirchenverständnis,* geleitet vom biblischen Bild vom „Volk Gottes" tritt im Konzil in den Vordergrund. Die Glaubenden werden nicht primär als Objekte, sondern als Subjekte, nicht nur als Adressaten, sondern vor allem als Träger des Glaubens und des Gottesgedächtnisses angesprochen. Die Autorität der Glaubenden selbst gewinnt Gewicht, und mit guten Gründen kann man seit dem Konzil davon sprechen, daß es neben dem Lehramt der Kirche auch eine Lehrautorität der Glaubenden in der Kirche gibt[5]. Im Zusammenhang mit der Rede von der Kirche als „Volk Gottes" hat das Konzil, zumindest in Ansätzen, die aktive Rolle der Glaubenden bei der Artikulation und Entfaltung des Glaubens unterstrichen und dabei betont, daß die Lehrautorität des kirchlichen Amtes auf dem Glaubenszeugnis der gesamten Kirche fußt. Im Dekret über die Religionsfreiheit proklamiert das Konzil den Übergang vom Recht der Wahrheit zum

---

[4] Synodendokument Unsere Hoffnung II 4.

[5] Das gesamte Heft 4 der Zeitschrift Concilium 1985 steht unter dem Titel „Die Autorität der Gläubigen" und begreift diese Autorität aus den Impulsen des Konzils (vgl. Vorwort Metz).

Recht der Person in ihrer Wahrheit, d.h. die abstrakte Unterordnung unter eine subjektlose Wahrheit wird aufgegeben und das subjekthafte Fundament aller religiösen Wahrheit freigelegt. Das scheint mir nicht ohne Belang zu sein für die Anerkennung der Autorität der Glaubenden in der Kirche. Die Konzilsaussagen weisen schließlich in eine Richtung, in der die Kirche zunächst als ganze eine lehrende und lernende Kirche ist. Den Glaubenden kommt dabei Kraft ihres gelebten Glaubens auch eine lehrende Autorität in der Kirche zu. Freilich, ähnlich wie beim Verhältnis zwischen Papst und Bischofskollegium[6] werden auch hinsichtlich des Verhältnisses zwischen dem Lehramt der Kirche und der Autorität der Glaubenden viele Fragen im Konzil nicht durchgefragt. Unverkennbar aber scheint mir der Anstoß in Richtung auf eine betont subjektorientierte Kirche zu sein[7].

In der nachkonziliaren Kirche gibt es schon zahlreiche Beispiele für die wachsende Respektierung der (lehrenden) Autorität der Glaubenden in der Kirche. Wenn z.B.

---

6 Vgl. dazu z.B. die Überlegungen bei *K. Rahner,* Schriften zur Theologie 16, 134–139.

7 In Zusammenhang mit dem von mir gebrauchten Begriff „Subjekt" bzw. „subjektorientiert" scheint mir ein terminologischer Hinweis nötig. Der bei mir positiv, in gewissem Sinne emphatisch gebrauchte Subjektbegriff ist im biblisch-theologischen Bedeutungszusammenhang verwurzelt (vgl. dazu etwa *J. B. Metz,* Glaube in Geschichte und Gesellschaft, Mainz [4]1984, § 4); als solcher ist er weder ein Begriff der reinen Bewußtseinsphilosophie noch ein Gegenbegriff zu Intersubjektivität und Kommunikation. Gerade angesichts dessen, was gegenwärtig unter dem Stichwort „Tod des Subjekts" und „Tod der Geschichte" verhandelt wird (und worauf wir noch kurz zu sprechen kommen), scheint es mir wichtig, einen positiven Begriff von Subjekt zu verteidigen und zu entfalten. Dieses Subjektverständnis verweist sowohl darauf, daß der Mensch nur durch Teilhabe an anderen Menschen seine Identität finden kann (Intersubjektivität/Kommunikation) wie auch auf die konstitutionelle Gefährdetheit und Verletzbarkeit des Menschen durch andere Subjekte.

die lateinamerikanischen Bischöfe in Puebla ihre Lehre und Verkündigung gerade auch als „Stimme der Stimmlosen" verstehen, dann anerkennen sie – zumindest indirekt –, daß die lehrende Kirche auf diese „Stimme" nicht verzichten kann, daß es also so etwas wie eine lehrende Autorität der Armen, der sprachlos Leidenden in der Kirche geben muß.

Und dieses Selbstverständnis der lehrenden Bischöfe als „Stimme der Stimmlosen" ist nicht folgenlos: die Bischöfe können und dürfen diese Stimme auf Dauer nicht einfach ersetzen, denn für die Leidenssprache gibt es nicht eigentlich eine Stellvertretung. Die Bischöfe müssen also, wenn sie sich so verstehen, gerade darum kämpfen, daß diese Armen und Leidenden in der Kirche immer mehr ihre eigene Glaubenssprache gewinnen – zum Gehör für die gesamte Kirche. Auch die „Volksbefragung", die die nordamerikanischen Bischöfe vor der Verabschiedung ihrer Pastoralbriefe zum Frieden und zur Ökonomie durchgeführt haben (und die, wie man hört, weniger wegen ihres Inhalts als vielmehr wegen eben dieses Verfahrens in Rom auf Bedenken stießen), weist in die Richtung einer wachsenden Respektierung der Autorität der Glaubenden in der Kirche.

Gewiß zeichnen sich in der jüngsten kirchlichen Entwicklung auch *gegenläufige Tendenzen* ab. Abgesehen davon, daß offensichtlich die regionalen Bischofskonferenzen (zugunsten des Einzelbischofs, der von Rom aus leichter „geführt" werden kann) wieder entwichtigt werden, wurde auf der römischen Bischofssynode (1985), die ja der Wahrung des Konzilserbes galt, die Rede von der Kirche als „Volk Gottes" zwar nicht verschwiegen, aber doch zurückgenommen – zugunsten der Betonung der Kirche als „Mysterium". Ohne daß ich die theologische Legitimität der Rede von der Kirche als „Geheimnis" bestreiten möchte, sehe ich doch in diesem Vorschlag Anzeichen eines Rückzugs hinter die Konzilsaussagen, zurück in die sog. pianische Periode der jüngeren Kirchengeschichte, also in die Periode der Piuspäpste von Pius IX bis zu Pius XII, in der diese Kirchendefinition vorherrschte. Ist die Betonung der Kirche als „Geheimnis" nicht von dem Versuch geleitet, die Kirche gegenüber innerer Kritik und gegenüber Reformprozessen stärker zu immunisieren? Gerät die Kirche nicht erneut in Gefahr, durch diese Selbstbezeichnung – als „Geheimnis" – ihre eschatologische Vorläufigkeit aus den Augen zu verlieren? Und vor allem: Soll mit diesem Kirchenverständnis nicht wieder jener Prozeß gebremst werden, der mit der Bestimmung der Kirche als „Volk Gottes" gerade angestoßen war, nämlich der Prozeß der wachsenden Subjektwerdung der Glaubenden in der Kirche?

Immerhin, seit der vom Konzil selbst angestoßenen und erwarteten Änderung des reinen Betreuungsverhaltens der Glaubenden ist eine Suchbewegung im Gange, eine Bewegung hin zu einem neuen Gemeindebild kirchlichen Lebens. Die Bezeichnung tut nicht viel zur Sache; vielleicht können wir es auch bei uns ein stärker basisgemeindlich orientiertes Lebensbild der Kirche nennen. Es geht jedenfalls um die Kirche als Lebensraum und Lernraum, in welchem die Glaubenden immer mehr ihre reine Betreuungsmentalität abstreifen – und zwar nicht nur im Blick auf die sog. „rein weltlichen" Aufgaben der Christen, sondern auch im Blick auf die *Glaubenswelt.* Schließlich drückt sich der „wahre Glaube" nicht nur in der Unterweisungssprache der Hirten aus, auch nicht nur in der Argumentationssprache der theologischen Experten; er kommt gerade auch in der Erinnerungs- und Erzählsprache der „einfachen Glaubenden" zu Wort. Denn die kirchliche Orthodoxie ist weder eine reine Eliteorthodoxie noch eine reine Expertenorthodoxie![8]

2. *Grundelemente des neuen Gemeindebilds*

Für sich allein und „gemeindelos" kann man auf Dauer eigentlich nur in einer religiös geprägten Welt fromm bleiben. Die aber ist vergangen! Deshalb ist heute „Gemeinde" wichtiger, notwendiger als je. Wie aber kann sie dieser Not, diesem Anspruch entsprechen? Diese Frage (und nicht modische Allüren) leiten die Suchbewegung nach einem neuen Gemeindebild. Damit diese Suchbewegung nicht nur hilflos gestikuliert, sich nicht vage schweifend im Leeren verliert oder nur außengeleitete Modelle adaptiert, muß sie von einem verbindlichen Ge-

[8] Gewiß, das Konzil spricht nicht ausdrücklich von einer Lehrautorität bzw. Lehrkompetenz der Glaubenden. Gleichwohl scheint mir diese Formulierung im Zusammenhang mit den Konzilsaussagen legitim und sinnvoll. Schließlich gibt es für sie auch eine vorkonziliare Tradition. Ich verweise hier nur auf die Auffassung von J. H. Newman, der im Ringen um das mariologische Dogma von 1854 die Frage erörtert, inwieweit die Kirche in Glaubenssachen (matters of doctrine) auf den Rat der Glaubenden zurückzugreifen habe (consulting the faithful), und der diese Frage in Erinnerung an den sog. Arianismusstreit in der frühen Kirche positiv beantwortet: vgl. dazu den Beitrag von H. Fries und die grundsätzlichen Überlegungen von H. Vorgrimler in dem in Anm. 5 zitierten Concilium-Heft 1985/4. Freilich bleibt bei Newman die Frage unerörtert, wie sich denn in der heutigen Situation der Kirche die Glaubensüberzeugung des Volkes Gottes darstellt und – nicht zuletzt – wie man sie denn feststellt. Die These von der fides implicita (vom „einschlußweisen Glauben") hilft hier m. E. nicht weiter, weil sie schließlich wieder hinter den Prozeß, in dem die Glaubenden selbst Subjekte ihrer Glaubenssprache werden, zurückführt. K. Rahner, der an verschiedenen Stellen von der normativen Bedeutung des Volksglaubens für das Lehramt spricht („in gegenseitiger, wenn auch nicht gleichartiger Bedingtheit"), bringt sich m. E. durch die fides-implicita-These, mit der er den Glauben des Volkes erläutert, in gewisser Hinsicht wieder um die Früchte dieser Einsicht.

meindeverständnis geleitet sein. Das möchte ich hier so formulieren: *Christliche Gemeinde ist eine um die Eucharistie versammelte Erinnerungs- und Erzählgemeinschaft in der ungeteilten Nachfolge Jesu.*

Ich kann hier die einzelnen Elemente dieses Gemeindeverständnisses nicht in gleichmäßiger Ausführlichkeit besprechen. Schon verschiedentlich habe ich versucht, *die Nachfolge* als gemeindebildendes „Prinzip" zu erläutern, so daß ich mich hier mit einem Verweis darauf begnügen muß[9]. Die Betonung der einen und ungeteilten Nachfolge will übrigens auch in Erinnerung rufen, daß diese Nachfolge immer ein mystisches und ein (im weiteren Sinn) politisches Element enthält, d. h. immer auch in der Konfrontation mit den gesellschaftlichen Verhältnissen und ihren Leidensgeschichten lebt[10]. Im Blick auf die vom Konzil angestoßene Änderung im reinen Betreuungsverhalten der Gemeinden erinnert die Rede von der Gemeinde als Nachfolgegemeinschaft daran, daß die Glaubenden nicht nur den Trägern kirchlicher Autorität, sondern auch sich selbst ein „Mehr" an Evangelium zutrauen. Zutrauen und – zumuten. Dann wird der Anspruch auf Subjektwerdung, auf Autorität und Mündigkeit in der Kirche nicht von allzu flachen Emanzipationsideen geleitet sein, mit denen wir doch allesamt gern unsere bürgerliche Unbehaglichkeit und Unnahbarkeit gegenüber dem Evangelium tarnen; und dann können auch die Glaubenden selbst das Evangelium kritisch gegen kirchliche Verhältnisse wenden, die wieder hinter die Aufbrüche des Konzils zurücksinken.

---

[9] Vgl. z. B.: Identitätsbildung aus Nachfolge, in: *R. Zerfaß* (Hrsg.), Mit der Gemeinde predigen (1982); Aufstand der Hoffnung, in: Herder-Korrespondenz 10/1982 (= Katholikentagsrede 1982).

[10] Grundsätzlich dazu: Zeit der Orden? Zur Mystik und Politik der Nachfolge ([6]1986) und die in Anm. 9 genannten Texte.

Eine um die *Eucharistie* versammelte Gemeinde versteht die liturgische Feier der memoria passionis, mortis et resurrectionis Jesu Christi als Ausdruck eines gefährlichen Gedächtnisses, das in die Lebensverhältnisse eingreift. Diese eucharistische memoria will die Leidensfähigkeit zurückholen ins apathische Leben, sie will Trauer und Angst unverdrängt zulassen, sie macht empfänglich für den Tod, aber auch für die starke, eine universale Gerechtigkeit suchende Liebe, der die vergangenen Leiden nicht gleichgültig geworden sind. In diesem Sinn will das eucharistische Gedächtnis auch immer wieder zu einer Art „anthropologischer Revolution" anstiften[11] – gegen ein Leben, das immer unfähiger wird mitzuleiden, immer unfähiger zu trauern und auch unfähiger, sich trösten zu lassen; das sich immer wehrloser der Dämmerung der Banalität zu ergeben scheint und dessen Glücksträume am Ende sich wie Bilder eines sehnsuchts- und leidensfreien Unglücks ausmachen.

Christliche Gemeinde ist nicht nur von ihrem biblischen Ursprung her, sondern auch auf ihr gesuchtes Ziel hin eine *Erinnerungs- und Erzählgemeinschaft.* Um zu zeigen, daß es sich bei dieser Gemeindebestimmung nicht um eine archaisierende Reduktion, nicht um eine romantische Entdifferenzierung der Verhältnisse des

[11] Ausführlich habe ich von dieser „anthropologischen Revolution", für die das „Brot des Lebens" stärken will, gesprochen in: Jenseits bürgerlicher Religion (Mainz [4]1984). – Hierzulande ist zur Zeit viel von einer „geistig-moralischen Wende" die Rede. Wenn ich recht verstehe, zielt die vor allem auf jene abgeleitete Moral bzw. auf jene Tugenden (Leistungswille, Fleiß, Ordnungsliebe, Zuverlässigkeit usw.), die unserem Wirtschaftssystem in seiner Funktionstüchtigkeit selbst immanent sind. Das Christentum hat diese Tugenden zwar nicht einfach zu denunzieren, doch darf es sie keinesfalls mit jener „anthropologischen Revolution", mit jenen messianischen Tugenden verwechseln, die im Christentum als einer um die Eucharistie versammelten Nachfolgegemeinschaft gemeint und gesucht sind.

Christentums in unserer Zeit handelt, ist vor allem auch *die Theologie* gefordert. Und zwar mindestens in zweifacher Hinsicht.

Die eine Aufgabe der Theologie läßt sich als „Dechiffrierung" bezeichnen. Was ist gemeint? Die Theologie muß m.E. versuchen, die dogmatischen Lehrsätze des christlichen Glaubens, die hauptsächlich vom Einfluß der klassischen griechischen Metaphysik geprägt sind und deshalb zunächst den Eindruck subjektloser und geschichtsloser Allgemeinheit vermitteln, nicht zwar zu leugnen oder auch nur zu entwichtigen, wohl aber sie neu kenntlich zu machen als Formeln eines gefährlichen und befreienden Gedächtnisses[12], als begrifflich verschlüsselte Erzählgehalte des Glaubens in der Nachfolge. Diese memorial-narrative Gestalt des Glaubens gehört ja nicht nur zur liturgischen, sondern auch zur theologischen Identität des Christentums. Erinnerung und Erzählung dienen auch nicht nur – etwa in rein literarischer Absicht – der pädagogischen und pastoralen Verdeutlichung des dogmatischen Glaubens; er selbst hat diese erinnernd-erzählende Tiefenstruktur. Auf sie muß die Theologie besonders in Wende- und Umbruchsituationen zurückgreifen[13]. Und in diesem Sinn kann die eben genannte Dechiffrierungsleistung der Theologie heute dazu beitragen, daß die Glaubenden eben nicht nur Adressaten, sondern auch Träger, Subjekte der Spra-

[12] Vgl. dazu: Dogma als gefährliche Erinnerung, in: „Glaube in Geschichte und Gesellschaft" § 11, Exkurs.

[13] Ausdrücklich möchte ich darauf hinweisen, daß sich die hier skizzierte Aufgabe der Theologie sowohl angesichts des kulturellen Polyzentrismus in der Kirche stellt (vgl. dazu die einschlägige Passage in der Ergänzung „Differenzierungen im Polyzentrismusverständnis") wie auch als grundsätzliche Herausforderung angesichts der Situation des Christentums in der Noch- oder Nachmoderne (vgl. dazu den Abschnitt über die Theologie im vorausgehenden Beitrag „Wohin ist Gott, wohin denn der Mensch?")

che des Glaubens und des Gottesgedächtnisses werden, Subjekte einer Sprache, in der sich die Lebensgeschichte und die Glaubensgeschichte miteinander verbinden. Dann kann man von diesem kirchlichen Lebensmodell sagen, was von der Kirche überhaupt gilt: Es ist eine um die Eucharistie versammelte Erinnerungs- und Erzählgemeinschaft in der Nachfolge Jesu.

Zum andern besteht die Aufgabe der Theologie heute darin, den Unterschied (nicht den Gegensatz!) zwischen dem Lehramt der Kirche und der Lehrautorität der Glaubenden in der Kirche kenntlich zu machen[14]. Zumindest in der neuen kirchlichen Entwicklung (speziell seit dem letzten Jahrhundert) war die Rede von der Lehrautorität in der Kirche an den Begriff des Magisteriums gebunden und bezeichnete dabei ausschließlich die Autorität des Papstes und der Bischöfe. Entsprechend wurden die Glaubenden primär als Objekte, als Adressaten der pastoralen und lehramtlichen Sorge der Hierarchie gesehen und weniger als lebendige Subjekte des Glaubens. In diesem Sinne dominierte das Modell der Betreuungskirche nach dem (hier allzu knapp skizzierten) Muster: die Hierarchie lehrt – die Priester betreuen – die Theologen erklären und verteidigen die Lehre und bilden die Betreuer aus – die Glaubenden hören (und gehorchen). Doch dieses Modell der Betreuungskirche ist keineswegs einfach kanonisch. Nach allem Gesagten ist es auch im Kirchenverständnis des Konzils, zumindest keimhaft, aufgelok-

[14] Das Lehramt repräsentiert einen geschichtlich angehäuften Vorrat an Glaubenswahrheiten und Glaubenserfahrung; mit ihm tut sich ein zum Narzißmus neigender spätmoderner Individualismus deshalb besonders schwer, weil er immer weniger bereit ist, Wahrheit als etwas anzuerkennen, das ihn aus seiner immer geschichtsloser werdenden Subjektivität herauszwingt.

kert und überfragt[15]. Es scheint mir eine Aufgabe der Theologie zu sein, diese klassische „Arbeitsteilung" in der Kirche weiterhin kritisch zu beleuchten und immer mehr zu überwinden. Dabei wird auch die Frage nach den Subjekten der Theologie und nach den Orten des Theologietreibens in neuer Weise dringlich, ohne daß ich hier darauf ausführlicher eingehen könnte[16].

3. Gemeinde in Übergangsprozessen

Das neue Gemeindebild gestaltet sich in einem äußerst komplexen gesamtkirchlichen Prozeß, der keineswegs von vornherein auf ein einheitliches Gemeindebild festgelegt ist. So gibt es in der großkirchlichen Situation das *volkskirchliche Gemeindebild,* das vorrangig am Betreuungsmodell orientiert ist; und nur Ahnungslose werden die in ihm noch erkennbare Volksfrömmigkeit einfach kritisch denunzieren und sie umstandslos gegen „liberalere" Figuren christlicher Identität eintauschen wollen. Daneben gibt es ein Gemeindebild, das ich mangels eines besseren Wortes als *bürgerkirchlich* bezeichnen möchte; immer mehr regelt sich in ihm das Gemeindeverhältnis nach Angebot und Nachfrage: die Kirche wird zur Ange-

---

[15] Daß es sich hier um einen „Aufbruch" handelt, kann man deutlich ermessen, wenn man römische Äußerungen aus der Zeit vor dem Konzil vergleicht. So etwa formuliert noch Pius X: „Nur das Kollegium der Hirten hat das Recht zu führen und zu regieren. Die Masse hat kein anderes Recht, als sich wie eine gehorsame Herde, die ihrem Hirten folgt, führen zu lassen" (zit. nach *M. Schmaus,* Der Glaube der Kirche II, 1970, 102).

[16] Vgl. *J. B. Metz,* Theology Today: New Crises and New Visions, in: CThSA-Proceedings of the Fortieth Annual Convention (San Francisco 1985). Dazu auch mein Text „Un nuevo modo de hacer teologia", in: Vida y Reflexión, cep-Lima 1983 (= Übersetzung von „Die Lizenz des Theologen", in: Zur Rettung des Feuers, 1981).

bots-, zur Servicekirche. Die Betreuungsmentalität der Kirchenglieder, die nun nicht selten von einem Hauch des Gönnerischen umgeben ist, stabilisiert sich hier unter ihrem volkskirchlichen Niveau. Von Subjektfreudigkeit scheint mir, ich mag mich täuschen, im bürgerkirchlichen Leben nicht allzuviel bemerkbar zu sein[17].

Versuchsweise könnte ich auch sagen, daß es sich bei diesen beiden Gemeindemodellen um den institutionalisierten Reflex zweier Religionstypen handelt, nämlich einer typischen Dorfreligion (Landreligion) einerseits und einer typischen Stadtreligion andererseits. Die *Dorfreligion* ist bisher noch eingebettet in relativ ungebrochene Traditionen und in Erfahrungszusammenhänge wie Heimat, Kindheit, Großfamilie, Nachbarschaftlichkeit, und unser deutscher Katholizismus ist ja bis in die Gegenwart vor allem eine solche Landreligion geblieben[18]. Man denke nur einmal an die oft wie konstitutionell eingeschüchtert wirkenden Katholiken in der Diaspora unserer völlig säkularisierten Großstädte! Die *Stadtreligion* ihrerseits scheint immer mehr infiziert von der Traditions- und Geschichtslosigkeit, von der Beziehungslosigkeit und Anonymität, von der hohen Mobilität unseres modernen Stadtlebens mit seinen zahllosen vereinsamten Menschen, für die, da sie der Religion längst entwöhnt sind, der Gang in die hell erleuchteten Kaufhäuser nicht selten zum heimlichen Liturgieersatz wird. Inzwischen freilich sind – nicht zuletzt durch die

---

[17] Vgl. zu diesen Überlegungen auch meine Unterscheidung „Volkskirche – Bürgerkirche – Basiskirche" in: Jenseits bürgerlicher Religion, passim, spez. 111 ff.

[18] Bis heute wirkt sich m. E. aus, daß sich die Reformation in Deutschland vor allem in den Städten ausbreitete. – Zur produktiven Bedeutung der katholischen „Ungleichzeitigkeit" vgl. *J. B. Metz,* Produktive Ungleichzeitigkeit, in: *J. Habermas,* (Hrsg.), Stichworte zur „Geistigen Situation der Zeit" II (1979), auch in: *J. B. Metz,* Unterbrechungen (1981).

Verkabelung unserer Wohnräume, durch die zunehmende elektronische Vernetzung der Arbeitsplätze, kurzum durch die Spannbögen unserer Kultur- und Informationsindustrie – die Grenzen zwischen Stadt und Land fließend geworden. Und entsprechend scheint sich auch die Dorfreligion, die in ihr verwurzelte Volksfrömmigkeit und das volkskirchlich geprägte Gemeindebild, an dem sich auch das bürgerkirchliche unbewußt orientierte, immer mehr aufzulösen.

Dies ist die Situation, in der ich von der Suchbewegung nach einem neuen Gemeindebild spreche. Dabei soll diese neue Gemeinde die bisher vertrauten gemeindlichen Lebensformen nicht umstandslos und kurzatmig ersetzen, sondern in zunehmendem Maße *aus* ihnen und auch *neben* ihnen entfaltet werden. Sie könnte und sollte auch bei uns den Namen Basisgemeinde tragen – zur Kennzeichnung der Gemeinde als jenem Lebens- und Lernraum, in dem die Glaubenden immer mehr ihre Betreuungsmentalität abstreifen und zu Subjekten ihrer Glaubenswelt werden. Die Hauptgesichtspunkte für diese Subjektwerdung in der Gemeinde habe ich bereits genannt [19].

Natürlich weiß auch ich, daß diesem neuen Kirchenbild nicht geringe *Hindernisse* und *Schwierigkeiten* aus unserer geltenden Kirchenordnung entgegenstehen. K. Rahner hat sich bereits in einem 1972 erschienenen hellsichtig-mutigen Buch „Strukturwandel der Kirche als Aufgabe und Chance" mit den Konflikten zwischen einem künftigen Kirchenbild und geltender Kirchenordnung auseinandergesetzt; doch ohne viel Echo und

[19] Auf die maßgebliche Bedeutung der Ordenskirche für die Entfaltung eines basisgemeindlich orientierten Kirchenbildes kann ich in diesem Zusammenhang nicht näher eingehen; vgl. dazu meine in Anm. 9 und 10 genannten Veröffentlichungen.

Erfolg selbst er. Offensichtlich ist die geltende Kirchenordnung noch zu sehr am Modell der Betreuung „von oben" orientiert und zu wenig am Modell der Subjektwerdung der Glaubenden selbst. Zum Beispiel kommt der Gemeindeleiter bzw. der priesterliche Vorsteher der Eucharistie immer noch zu sehr „von oben" und „von außen" zur Gemeinde hinzu. Der Normalfall ist – bei uns – immer noch der gewissermaßen situationslose, der gemeindelose junge Priester als solcher, der im Priesterseminar – sit venia verbo – zu einer Art „pastoraler Mehrzweckwaffe" ausgebildet wird, um dann prinzipiell in jede beliebige Gemeinde gesandt werden zu können. Damit sich, langsam und beharrlich, das neue Gemeindebild entfalten kann, wird der Presbyter der Gemeinde, der Vorsteher ihrer Eucharistiefeier, schließlich aus der Gemeinde selbst erwachsen müssen und aus ihr heraus vorgeschlagen werden. Natürlich kann das nicht willkürlich geschehen; natürlich muß der Vorgeschlagene vom Bischof auf seine Tauglichkeit geprüft und für das Amt geweiht werden. Vermutlich wird auf dem Wege über diese pastorale Entwicklung auch die Einrichtung des Pflichtzölibats erneut überprüft werden müssen – und dies nicht, um durch die Preisgabe dieses Pflichtzölibats die priesterliche Existenz noch mehr zu verbürgerlichen, sondern um den Priester aus der Gemeinde selbst hervorgehen zu lassen und um die Christen an der Basis als aktive Subjekte an der Gestaltung des Gemeindebilds und des Gemeindelebens zu beteiligen. Solche Fragen (und es könnten natürlich noch viele andere in diesem Zusammenhang gestellt werden[20]) machen darauf aufmerksam,

[20] Es war vor allem Karl Rahner, der sich im letzten Jahrzehnt seines Lebens immer wieder mit diesen Fragen (Priestertum auf Zeit, Ordination der Frau, Amt und Basis usw.) auseinandergesetzt hat.

mit welchen Schwierigkeiten die geschilderte innerkirchliche Suchbewegung zu rechnen hat.

4. Basisgemeindliche Ansätze

Nun gibt es inzwischen auch in den europäischen Kirchentümern schon *basisgemeindliche Ansätze* oder doch gemeindeähnliche Basisgruppen, die sich entweder innerhalb der Territorialpfarreien oder auch neben ihnen entfalten[21]. In grober Skizzierung läßt sich dazu etwa folgendes sagen: Die strikt traditionalistisch-fundamentalistischen Bewegungen befestigen mit ihrer sowohl kirchlich wie gesellschaftlich rein defensiv orientierten Gemeindephantasie nur ein reines Betreuungschristentum, in dem die Gemeinden schließlich in ein überängstigtes oder humorlos-rechthaberisches Sektierertum verfallen. Die heute so beliebte und offensichtlich im Anwachsen begriffene Variante rein charismatischer Basisgemeinden scheint ja dem Subjektwerden der Glaubenden zu entsprechen und Gewicht zu legen auf die Selbstartikulation der Glaubenden in der Kirche; sie steht jedoch in der Gefahr, diesen Glauben aus der Konfrontation mit den gesellschaftlichen Herausforderungen und der konkreten gesellschaftlichen Leidensgeschichte herauszunehmen und am Ende in eine autosuggestive Erbauungspsychologie mit postmodernem Touch abzugleiten. Verheißungsvoll erscheinen mir basisgemeindliche Ansätze mit jener sozialen und gesellschaftskritischen Sensibilität, wie sie sich aus den Optionen der einen und ungeteilten Nachfolge ergeben. Damit diese

[21] Auf die für unsere deutsche Kirche spezifische Frage nach den „Verbänden" innerhalb des pfarrgemeindlich orientierten Christentums kann ich hier nicht eingehen.

basisgemeindlichen Versuche nicht als bloße Kopie gesellschaftlicher Alternativbewegungen mißverstanden werden können, müssen sie die Verwurzelung ihres sozialen und politischen Engagements in der Mystik der Nachfolge immer wieder verdeutlichen – und zwar auch sich selbst im gemeindlichen Austausch! So wären sie neue Gemeinde als eine um die Eucharistie versammelte Erinnerungs- und Erzählgemeinschaft in der Nachfolge, Gemeinde, in der die Glaubenden selbst immer mehr Träger und Subjekte des Glaubens, seiner erinnernd-erzählenden Sprache und der in ihr geforderten Praxis werden.

Auch wenn sich diese Gemeinde, anders als die Territorialpfarrei, nicht mehr für „flächendeckend" hält, wird sie doch nicht zur Sekte oder zur religiösen Subkultur unserer spätmodernen Gesellschaften herabsinken. Im Gegenteil, gerade so könnte sie auch arbeiten an der Rettung des Menschen, an der Rettung seiner Sprache, seines Gedächtnisses, seines Geschichtsbewußtseins, seiner Beziehungswelt und seiner Politikfähigkeit. Denn die Prozesse der Modernisierung und Säkularisierung sind ja nicht nur Prozesse der Entmächtigung der christlichen Religion; sie enthüllen sich immer mehr auch als Prozesse der Entmächtigung und Auflösung des Menschen, wie er uns bisher vertraut und anvertraut war. Der unterstellte „Tod Gottes" zieht offensichtlich immer mehr den „Tod des Menschen" nach sich[22]. Und die völlig säkularisierte Stadt zeigt sich nicht nur als Religionswüste, sondern immer mehr auch als zwischenmenschliches

[22] Vgl. den Beitrag „Wohin ist Gott, wohin denn der Mensch?" in diesem Band S. 124.

Niemandsland, als Stätte des Zerfalls öffentlichen Lebens[23].

„Es ist eine Zeit, aber kein Weg. Was wir Weg nennen, ist ein Zögern" (Franz Kafka).

[23] R. Sennett geht in seinem Buch „Verfall und Ende des öffentlichen Lebens. Die Tyrannei der Intimität" (1983) dieser profanen Krise der modernen Stadt in den USA nach.

Ein Orientierungsbuch für Kirche und Christsein

„Was Metz Positives zu den Evangelischen Räten zu sagen hat, enthält wesentliche, konsequent biblisch fundierte Erkenntnisse und Anregungen zu ihrer Verwirklichung heute. Es dürfte kaum einen Ordensangehörigen geben, der es sich leisten könnte, dieses Buch nicht zu lesen. Darüber hinaus wird es jeden interessieren, der sich der Frage der Nachfolge Christi in unserer Welt und Zeit ernsthaft stellt." Heinrich Spaemann in: „Kontraste/Impuls"

6. Auflage, 104 Seiten, Paperback, ISBN 3-451-17724-2

Verlag Herder Freiburg · Basel · Wien